Q&A
おひとりさま
高齢単身者の
相続・老後
資金対策

101会 編著 税理士 山本 和義

樫木 秀俊・加藤 芳樹・桐元 久佳・髙津 拓也
永井 博之・中原 雄一・藤井　敦・宮崎 知行

清文社

はじめに

　「生涯独身」、「結婚しても子がいない」、「子はいるが障害があったりして頼りにできない」など、おひとりさま又はその予備軍の人も少なくありません。

　相続税の節税よりも、残された人生を如何に有意義に過ごすか、また、死後自分の財産を有効に活用するための具体的な方法など悩みは尽きません。

　おひとりさまの現状を、国税庁の相続税の統計資料から、法定相続人が「0人」又は「1人」の申告件数で確認します。

● 法定相続人が「0人」又は「1人」の相続税の申告件数

年分	法定相続人の数	
	0人※	1人
平成21年	354人	4,231人
平成22年	396人	4,731人
平成23年	392人	5,195人
平成24年	441人	5,534人
平成25年	286人	5,915人
平成26年	289人	6,374人
平成27年	436人	12,746人
平成28年	536人	15,528人
平成29年	559人	16,524人
平成30年	608人	18,187人

※　法定相続人が0人で相続税の申告が必要な場合とは、相続人がいない場合で、①特別縁故者への財産分与があったとき、②遺言書による遺贈があったとき、③信託によるみなし遺贈があったとき、④生命保険金の受取人であったとき、などが考えられます。

また、令和2年版高齢社会白書によると、65歳以上の者のいる世帯は、平成30年現在、全世帯の48.9％を占めていて、そのうち夫婦のみの世帯が一番多く約3割を占めており、さらに単独世帯と合わせると半数を超える状況と報告しています。

　60歳以上の人に、誰にも看取られることなく亡くなった後に発見される「孤立死」を身近に感じるかどうかを聞いたところ、身近に感じる（「とても感じる」、「まあ感じる」の合計）とした人が34.1％と約3分の1を占めています。

　そこで、本書では、高齢単身者（おひとりさま）の相続対策で必須と考えられる「成年後見制度」「遺言書作成」など財産管理から後見制度、死後事務委任までの対応策などについて簡潔にまとめてみました。

　また、相続税・贈与税の課税関係や、各種社会保障の給付を受ける場合の所得金額の影響などについても分かり易く解説しています。

　本書の執筆者は、大阪を拠点に、税理士として日夜高齢者の相続対策の相談や対策の実行に取り組んでいるメンバーです。そのため、実務に即した内容についてもコラムなどを用いて解説しています。

　本書がおひとりさまの相続対策に悩む方の参考になれば幸いです。

令和3年1月

101会を代表して　税理士　山本和義

序　章　高齢単身者をめぐる士業の相続ビジネス

第1章　高齢単身者の相続対策

1　財産管理から後見、死後事務委任まで

2　遺言書作成と信託活用

3　相続人不存在・遺産整理業務

第2章　高齢単身者の税金対策

1　相続税の現状

第3章　高齢単身者の老後資金と老後生活対策

1　社会保障給付等における所得や収入の定義

2　社会保障給付等における所得や収入の基準

3 高齢者の確定申告

4 高齢者の老後生活対策

〔参考〕　高齢期の暮らしの動向に関わる統計等

凡例

相法 ·····················	相続税法
相基通 ···················	相続税法基本通達
所法 ·····················	所得税法
措法 ·····················	租税特別措置法
遺言書保管法 ·············	法務局における遺言書の保管等に関する法律
墓地埋葬法 ···············	墓地、埋葬等に関する法律
区分所有法 ···············	建物の区分所有等に関する法律

※　本書の内容は、令和3年1月1日現在の法令等によっています。

序　章

高齢単身者をめぐる
士業の相続ビジネス

任意後見から遺言執行

令和元年（平成31年）における年間死亡者数は約137万人[1]を超え、20年後（令和22年）には168万人[2]になると推計されています。

また、同推計によると、5年後（令和7年）の単身世帯（1人暮らし）は、1,996万世帯になるとみられていて、総人口に占める1人暮らしの割合は16%となり、「6人に1人強が1人暮らし」に変わると推計されています。

※　1 人口動態統計の年間推計（厚生労働省）
※　2 国立社会保障・人口問題研究所

このような家族関係の変化に対応して、特に士業による高齢単身者（おひとりさま）へのサービスとしての相続ビジネスは熱を帯びてきていると思われます。

① 見守り契約

定期的な安否確認を行う「見守り契約」とは、主に一人暮らしの高齢者（判断能力がしっかりしているご本人）との間で、定期的に訪問・連絡をとることにより、健康状態や生活状況などを把握して、その方が安全に生活できるようにサポートする契約です。見守り契約と任意後見契約（移行型）を、同時に結んでおくことによって、認知症などによってご本人の判断能力が不十分になったときの対応をとることができます。

② 財産管理等委任契約

財産管理等委任契約とは、自分の財産の管理や他にも生活上必要となる事務について具体的な管理内容を決め、その全部または一部を代理人となる人に委任する、というものです。認知症などにより判断能力が低下したときに備え、任意後見契約とセットで契約、という利用も多くあります。

③ 任意後見契約

　任意後見制度を活用する目的には、身上監護があります。身上監護とは、被後見人の身のまわりの手続き、つまり、生活、治療、療養、介護などに関する手続きを行うことです。

　「成年後見関係事件の概況（平成31年1月〜令和元年12月）」（最高裁判所事務総局家庭局）によると、成年後見人と本人との関係では、親族が21.8%（うち子が52.6%を占めています）、親族以外が78.2%となっています。

　親族以外の内訳では、弁護士27.8%、司法書士37.7%、社会福祉士18.4%、社会福祉協議会4.4%、行政書士3.5%、税理士0.2%などとなっています。

　成年後見の利用者数は171,858人（前年は169,583人）であり、対前年比約1.3%の増加となっていて、今後も年々増加が予想されます。

　このうち、登記統計によると、任意後見契約が増加傾向にあることが分かります。

	平成30年	平成29年	平成28年	平成27年	平成26年	平成25年	平成24年
後見等の開始の審判	33,089	32,562	32,068	31,893	31,320	31,516	30,302
任意後見契約締結	12,599	12,045	10,616	10,704	9,791	9,219	9,091
任意後見監督人選任等の審判	16,440	17,867	20,099	18,406	13,768	10,632	8,983

（出典：登記統計（2019年）「種類別　成年後見登記の件数」）

④ 信託

　後見制度によると、被後見人の財産の管理や処分については、家庭裁判所の監督下に置かれることから、特定の者への生前贈与など被後見人の望む財産の処分などは原則行うことができません。

　そこで、信託契約によって財産を信託しておけば、認知症などによって本人の判断能力が不十分になっても信託財産については、受託者が信託契約に基づいて柔軟に管理運用・処分行為ができます。

⑤ 遺言書作成と遺言執行

　法定相続よりも遺言書の内容が優先されます。これは、相続や遺言のことを定めている民法は、私的自治の原則にもとづいて作られていて、私的自治の原則によれば、遺言書によって、遺産の所有者が自分の意思で財産を処分することができる（法律行為自由の原則）からです。

　遺言書に遺言執行者を定めておけば、遺言執行者は、遺言の内容を実現するために存在します。そのため、遺言執行者は、相続財産の管理その他遺言の執行に必要な一切の行為をする権利義務を有しています（民法1012条①）。

⑥ 死後事務委任契約

　死後事務委任契約は、葬儀や納骨、埋葬などに関する事務や亡くなった直後の諸手続きを第三者に委任する契約をいいます。具体的には、以下のような事務をいいます。

　この契約を締結する際には、死後事務委任契約の預託金（主に作業の代金）が必要です。

> ・死亡時の病院等への駆けつけ、遺体の引取り手配
> ・葬儀、埋葬に関する事務
> ・賃貸住宅の明渡しや遺品整理
> ・家賃、入院費など諸費用の支払い
> ・各種契約の解除
> ・遺産整理業務

　遺産の相続人への名義変更など、遺言書が残されていない場合に、相続人の確認、遺産の把握、遺産分割協議及び遺産の相続登記・名義の変更などの手続きが必要となります。

⑦ 相続税の申告

　税理士の独占業務で、年間14万件を超える申告が行われていて、年間死亡者数の増加に連動して毎年相続税の申告件数も増加の一途です。

　高齢単身者（おひとりさま）の相続では、以上のうち、見守り契約と任意後見契約、遺言書の作成と死後事務委任契約が必須のものと思われます。また、必要に応じて信託による財産管理も組み合わせていくことで本人が望まれる相続が実現できます。

契約効力の及ぶ期間

標準的な生前契約による内容と、その契約効力の及ぶ期間については、以下のとおりです。

死亡

① **見守り契約**
定期的な安否の確認。
後見開始又は死亡に伴い契約は終了。

② **財産管理等委任契約**
財産の管理を代理人に委任。
後見開始に伴い契約は終了。

③ **任意後見契約**
判断能力が不十分になったら、療養看護や財産管理など任意後見人に代理権を付与しておく契約。
死亡に伴い契約は終了。

※ 家庭裁判所の許可を得て、火葬・埋葬・相続財産の保存に必要な行為を行うことができる。

④ **信託**
信託契約によって受託者に財産の管理・処分を任せる。
契約の終了については、信託契約による。

信託契約によって、死亡後も信託は継続することもある。

⑤ **遺言書作成と遺言執行**
意思能力があるうちに遺言書を作成する。

遺言書に指定された執行者によって、相続財産の名義変更など遺産整理業務が行われる。

⑥ **死後事務委任契約**
委任契約の受任者が委任者死亡後に行う。

契約に基づき、親族等への連絡、病院等の精算、葬儀、埋葬などの手続きを行う。

⑦ **相続税の申告**

相続税の申告義務がある場合には、税理士によって、相続税の申告等が行われる。

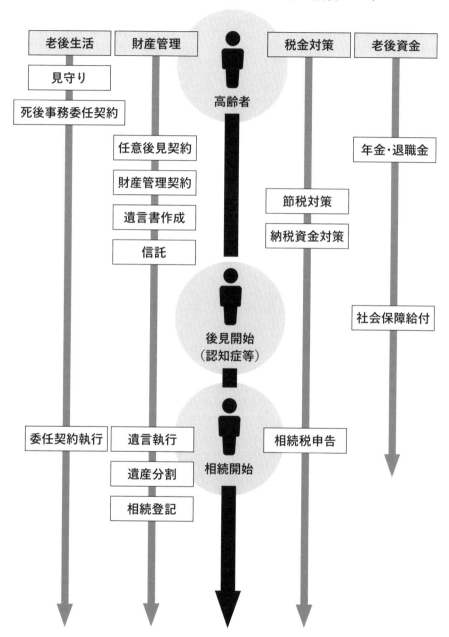

〔イメージ〕高齢単身者をめぐる士業の相続ビジネス

第1章

高齢単身者の相続対策

1 | 財産管理から後見、死後事務委任まで

QUESTION 1-1

見守りサービス

　地方の実家で一人暮らしの母の健康状態が気がかりなのですが、仕事が忙しく、毎日電話をしたり、定期的に帰省する時間がとれません。日々の暮らしの中で高齢者の安否を把握できるサービスなどはあるのでしょうか。

ANSWER ポイント

● 電気・ガス会社や郵便局、警備会社などで見守りサービスが提供されています。
● 自治体による見守りサービスが利用できる場合もあります。

■ 解 説 ■

さまざまな企業が見守りサービスを提供

　例えば、最近はセンサーを利用した見守りサービスで、自宅の室内動線に、センサーを設置しておき、一定時間その動線を居住者が通過しない場合など、センサーが反応しない場合には、専門のスタッフが自宅に駆けつけるサービスがあります。このサービスは、センサーで生活動線を管理しているだけなので、プライバシーも保護されます。

　センサー式以外には、ペンダント式の緊急連絡用の機器などを常時携帯するサービスもあります。急病や怪我の際には、その機器を握ることやボタンを押すことで、救急信号が発信され、専門のスタッフが自宅に駆けつけるサービスです。

　また、少し変わった見守りサービスでは、高齢者の生活家電の使用状況を

離れて暮らす家族にメールで知らせるサービスなどもあります。

　このような見守りサービスは、主に電気・ガス会社や郵便局、警備会社などが提供しています。

■ 企業が提供している見守りサービスの例

提供企業	サービスの内容	費用の例
関西電力株式会社	電気使用量の変化をお知らせするサービスや、冷蔵庫の開閉情報と空気清浄機のセンサー情報をメール等で通知するサービスなど	無料（令和3年6月まで） ※令和3年7月以降は一部有料化予定（予価100円／月程度）
大阪ガスセキュリティサービス株式会社	看護師・保健師常駐のナースコールセンターに直通で緊急通報や相談などが可能なペンダント型非常ボタン（おまもりコール）を使用したサービス	標準サービス 月額2,500円（税別） ※初期費用：機器の設置・設定費15,000円（税別）
日本郵便株式会社	月1回、郵便局員が利用者宅に直接訪問し、家族に生活状況を報告する「みまもり訪問サービス」や、利用者に毎日電話（自動音声）で体調確認を行い、家族にメールで報告する「みまもりでんわサービス」など	みまもり訪問サービス／月額2,500円（税込） みまもりでんわサービス／固定電話コース：月額1,070円（税込）・携帯電話コース：月額1,280円（税込）
セコム株式会社	生活動線にセンサーを設置し、一定時間動きがないとセコムに通報される「安否見守りサービス」や、急病やケガなどの際は「握るだけ」でセコムに救急信号を送る「救急通報サービス」など	戸建てプラン（レンタル料金） 月額4,700円（税別） ※初期費用：工事料44,000円（税別）、保証金20,000円（契約満了時返却）
象印マホービン株式会社	無線通信機を内蔵したiポットを使用し、1日2回、ポットの使用状況をメールでお知らせするサービス	月額3,000円（税別） ※iポット1台あたりの月額 ※初期費用：契約料5,000円（税別）

自治体による見守りサービスも選択肢に

　自治体によってサービス内容は異なりますが、企業と同じように緊急時の通報や安否確認等のサービスを提供している自治体も多くあります。

　例えば、電話連絡や緊急通報装置の設置、委託業者による見守りなどのサービスが提供されています。費用については、自治体やサービス内容によって異なりますが、所得や年齢、健康状態、世帯員の状況などで判定されます。

■ 自治体が提供している見守りサービスの例

自治体名／事業名	サービスの内容	主な対象者	利用料金
大阪市／緊急通報システム事業	緊急通報対応、24時間健康相談、お伺い電話、委託業者による緊急駆けつけ。	65歳以上で一人暮らしの方、高齢者のみの世帯、1日のうち8時間程度1人になる方。	月額792円（税込）※前年所得税課税世帯の場合（所得税非課税世帯の場合は無料）
名古屋市／緊急通報事業（あんしん電話）	緊急通報装置、ペンダント等貸与。年4回程度コールセンターから安否確認電話。	65歳以上で心臓病等慢性疾患のある一人暮らしの方、75歳以上世帯で他の世帯員が寝たきり状態にある方。	所得によって機器の使用料などの利用者負担があります。
福岡市／緊急通報システム	緊急通報用機器を貸与・給付・レンタル	65歳以上で健康状態・身体状況に不安があり緊急時連絡が困難な一人暮らしの方。	利用者の所得段階に応じて、無料～月額948円（レンタルの場合）
世田谷区／救急通報システム「愛のペンダント」	ペンダント型救急通報機器を貸出。	65歳以上の、一人暮らし・高齢者のみ世帯・慢性疾患等で日常生活で常時注意を要する方。	システム設置時8,000円、光回線等利用者は別途上限4,000円（介護保険で免除あり）
練馬区／ひとり暮らし高齢者等訪問支援事業	訪問支援員や訪問支援協力員が定期訪問。	一人暮らしの高齢者、高齢者のみ世帯で介護保険サービスを利用していない方等。	──

QUESTION 1-2

見守り契約

　見守りサービスだけでは心許ないため、一人暮らしの母の近所で開業している士業の先生に定期的な訪問をお願いしようと思っています。依頼にあたっては、どのような契約書を締結しておけばよいのでしょうか。

ANSWER ポイント

●見守り契約とは、定期的な安否確認や生活をサポートする契約をいいます。
●公証役場で公正証書により契約を作成しておくことが望ましいでしょう。
●見守り契約と任意後見契約（移行型）の同時締結が、将来的に有効です。

解 説

見守り契約とは

　定期的な安否確認を行う「見守り契約」とは、主に一人暮らしの高齢者（判断能力がしっかりしているご本人）との間で、定期的に訪問・連絡をとることにより、健康状態や生活状況などを把握して、その方が安全に生活できるようにサポートする契約です。何か困ったことが起きた場合の相談相手にもなることもできます。緊急時対応契約を盛り込んでおけば安心です。

公正証書で作成

　この契約は、当事者間の合意のみで効力が生じ、内容も自由に定めることができます。なお、契約内容を確実に履行するために、公証役場で公正証書により契約を作成しておくことが、望ましいでしょう。

Advice プロからのアドバイス

任意後見契約（移行型）を同時に締結しておく

　見守り契約と任意後見契約（移行型）を、同時に結んでおくことによって、認知症などによってご本人の判断能力が不十分になったときの対応をとることができます。その場合、見守り契約の受任者が、家庭裁判所に任意後見監督人の選任を申し立て、家庭裁判所により任意後見監督人が選任され、任意後見契約へと移行することができます。

■ 継続的見守り契約公正証書の例

令和■ ■ 年第■ ■ ■ 号

（公正証書作成日　令和■ ■ 年■ ■ 月■ ■ 日）

継続的見守り契約公正証書

第1条（目的）

　この継続的見守り契約は、任意後見契約が効力を生ずるまでの間（以下、「本契約期間」といいます。）、AさんはBさんに対し、定期的な連絡により意思疎通を確保し、BさんはAさんに対し、定期的な連絡とAさんの自宅訪問・面談によってAさんの生活状況及び健康状態を把握することにより、Aさんが地域社会において、安心して暮らすことができるよう見守ることを目的とします。

第2条（契約期間）

　本見守り契約の期間は、本日から1か年とします。

2　契約期間満了日の1か月前までに、Aさん又はBさんから相手方に対し、何らかの意思表示がないときは、本見守り契約は同一条件で更に1か年更新されるものとし、以後も同様とします。

第3条（電話・訪問・面談等）

　本契約期間中、Bさんは、原則として、月初めに電話でAさんに連絡するとともに、1か月に1回、Aさんの自宅を訪問して、Aさんと面談するものとします。

2　Bさんによる具体的な自宅訪問日は、毎月15日とします。ただし、AさんとBさんが相談して、適宜変更することができるものとします。

3　Bさんは、前項に定める面談日以外の日であっても、必要と認めた場合又はAさんの要請があった場合は、随時面談するものとします。

4　AさんとBさんは、Bさんによる訪問と面談が、第4条に定める事務を目的とするものであり、Aさんの身辺のお世話や世間話の相手、買い物の手伝い等をするためのものではないことを確認します。

第4条（見守り事務）

　Bさんは、前条に定める電話、自宅訪問、面談を通じて様子の変化を見守り、Aさんが消費者トラブルに巻き込まれ、又は、介護・福祉サービス契約の締結を必要とする状況や認知症の発症が疑われる状態と認めた場合は、関係機関に対応措置の要請を行うものとします。

2　前項の場合、Bさんは、関係機関に対し、対応措置に必要と認める範囲で、Aさんの個人情報を含む一切の情報を提供することができるものとします。

3　Aさんが希望する場合は、BさんはAさんがあらかじめ指定した親族等の者に対し、第1項の対応措置を要請するに至った経緯を連絡します。

4　第1項のほか、Bさんは、Aさんの身上面にも十分配慮し、Aさんが加療を要する傷病を負ったことを知ったときは、受診・入院等の手配をするものとします。

第5条（秘密保持）

　Bさんは、前条第2項の場合を除き、Aさんの承諾を得ないで、本見守り契約を通じて知り得たAさんの個人情報及び秘密等を開示し、又は漏洩してはなりません。

第6条（報酬）

　Aさんは、Bさんに対し、本見守り契約（第3条第1項及び第4条第1項に定める定期的な訪問と面談によるBさんの見守り行為）の報酬として、月額金2万円（税別）を、BさんがAさんの自宅を訪問したときに支払うものとします。

2　第3条第3項の不定期の面談の報酬については、その都度、AさんとBさんが協議して、別途報酬を支払うものとします。

3　本契約が月の途中で終了した場合でも、当該月の報酬は、月額を支払うものとします。

第7条（費用）

　第4条第3項及び第4項に定める事務等に必要な費用は、Ａさんが負担するものとします。

第8条（契約の変更）

　本見守り契約を変更する契約は、公正証書によってするものとします。

第9条（契約の解除）

　Ａさん又はＢさんは、いつでも本見守り契約を解除することができます。ただし、この解除は、公証人の認証を受けた書面によってするものとします。

第10条（契約の終了）

　本見守り契約は、次の場合に終了します。

①　Ａさん又はＢさんが、死亡したとき。

②　Ａさん又はＢさんが、破産手続開始決定を受けたとき。

③　Ｂさんが後見開始の審判を受けたとき。

④　Ａさんが法定後見開始の審判を受けたとき。

⑤　任意後見契約が解除されたとき。

⑥　任意後見監督人選任の審判が確定したとき。

第11条（契約費用の負担）

　本公正証書作成に要する費用は、Ａさんの負担とします。

本旨外要件

住　　所

職　業　無職

委任する人　■■Ａ

生年月日

住　　所

職　業　司法書士・行政書士

受任する人　●●Ｂ

生年月日

（出典：美濃加茂公証役場ホームページ）

QUESTION 1-3

財産管理等委任契約

実家で一人暮らしの父は、地主で資産家でもあり、以前から弁護士や税理士の先生に色々とアドバイスをいただいています。最近、とある士業の先生から将来の父の認知症などへの備えの一つとして「財産管理等委任契約」の締結の提案を受けたのですが、これはどのような内容の契約なのでしょうか。

ANSWER ポイント

● 財産管理等委任契約とは、自分の財産の管理等について具体的な管理内容を決め、それを代理人に委任する契約をいいます。

● 認知症などにより判断能力が低下したときに備え、任意後見契約とセットで契約する例も多くあります。

解説

財産管理等委任契約とは

財産管理等委任契約とは、自分の財産の管理や他にも生活上必要となる事務について具体的な管理内容を決め、その全部または一部を代理人となる人に委任する、というものです。民法上の委任契約の規定に基づくもので、任意代理契約とも呼ばれ、この契約は、当事者間の合意のみで効力が生じ、内容もかなり自由に定めることができます。

どのようなことを契約で決めるのか

財産管理等委任契約においては、具体的には次のような内容を決めておくことが可能です。

- 有価証券、権利証、印鑑、通帳の保管
- 地代・賃料、年金などの収入の管理
- 医療費用、介護費、公共料金、家賃の支払い代行
- 社会福祉施設、有料老人ホーム、入院・通院やヘルパーの手配・利用契約のサポート、介護保険申請手続き
- 医療・介護関連の手続きの支援(身上監護)

Advice プロからのアドバイス

任意後見契約とセットで利用

　認知症などにより判断能力が低下したときに備え、任意後見契約とセットで契約、という利用も多くあります。この場合は、移行型の任意後見契約として、判断能力がある間は財産管理等委任契約で代理権を付与しておいて、判断能力が落ちた場合に任意後見契約にスライドさせることとなります。

■ 財産管理等委任契約及び任意後見契約公正証書の記載例

令和■ ■ 年第■ ■ ■ 号

(公正証書作成日　令和■ ■ 年■ ■ 月■ ■ 日)

財産管理等委任契約及び任意後見契約公正証書

　本公証人は、委任する人●● ○○(以下、「甲」という 。)と受任する人●●□□(以下、「乙」という。)の依頼を受けて、双方の述べる契約の内容を聞き、その趣旨を書き取って、この証書を作成する。

第1　委任契約

第1条(契約の趣旨)

　甲は、現在、自宅において何不自由なく暮らしていますが、将来の判断能力の低下や車椅子生活・寝たきり状態・手が不自由で文字が書けないなどの事由により、預貯金の払戻しや印鑑証明書・戸籍謄本の取得などが困難になる状態に備え、

乙に対し、本日以降、甲の生活、療養看護及び財産の管理に関する事務（以下、「委任事務」といいます。）を委任し、法律上の正式な代理権を与えるものです。

第2条（任意後見契約との関係）

　この契約を結んだ後、甲が精神上の病気等により判断能力が不十分な状況になり、乙が本条第2項の任意後見契約（以下、「任意後見契約」といいます。）による後見事務を行うのがよいと認めたときは、乙は、家庭裁判所に対し、任意後見監督人の選任の請求をしなければなりません。

2　この契約は、任意後見契約について、任意後見監督人が選任され、効力が生じたときに終了します。

第3条（委任事務の範囲）

　甲は、乙に対し、「別紙代理権目録（委任契約）」に記載してある委任事務（以下、「本件委任事務」といいます。）を委任し、乙にその事務処理のための代理権を与えます。

第4条（証書等の引渡し等）

　甲は、乙に対し、本件委任事務処理を処理するために、必要と認める次の証書等を、その必要に応じて引き渡します。

① 登記済権利証・登記識別情報
② 実印・銀行印
③ 印鑑登録カード、住民基本台帳カード、個人番号（マイナンバー）カード、個人番号（マイナンバー）通知カード
④ 預貯金通帳
⑤ キャッシュカード
⑥ 有価証券・その他預り証
⑦ 年金関係書類
⑧ 健康保険証・介護保険証
⑨ 土地・建物賃貸借契約書等の重要な契約書類
⑩ その他本件委任事務を行うために必要な一切の書類

2　乙は、前項の書類等の引渡しを受けたときは、甲に対し、その明細及び保管方法を記載した預り証を交付してこれを保管し、この証書等を本件委任事務の

処理のために使用することができるものとします。

第5条(費用の負担)
　乙が本件委任事務を処理するために必要な費用は、甲の負担とし、乙は、管理している甲の財産の中からこれを支出することができます。

第6条(報酬)
　乙の本件委任事務処理は、無報酬とします。

第7条(報告)
　乙は、甲に対し、3か月ごとに、本件委任事務処理の状況について報告書を提出して報告します。
2　甲は、乙に対し、いつでも、本件委任契約事務処理の状況について報告を求めることができます。

第8条(契約の変更)
　本契約に定めた代理権の範囲を変更する契約は、公正証書によってしなければなりません。

第9条(契約の解除)
　甲と乙は、いつでも、この契約を解除することができます。ただし、この委任契約を解除する場合は、任意後見契約とともに解除しなければなりません。この解除の書面の署名、押印は甲と乙が自ら行い、その証明を公証人から受けなければなりません。

第10条(契約の終了)
　本契約は、第2条第2項に定める場合のほか、次の場合に終了します。
　①　甲又は乙が死亡又は破産したとき。
　②　甲又は乙が後見開始の審判を受けたとき。
　③　本委任契約が解除されたとき。

（出典：美濃加茂公証役場ホームページ）

代理権目録（委任契約）

1. 不動産、動産等すべての財産の管理、保存。
2. ○○銀行○○支店、○○信用金庫○○支店、○○農業協同組合○○支店、その他の金融機関の委任者名義の預貯金に関する払戻し、預入れ、口座開設、振込依頼、解約、その他すべての取引。
3. 家賃、地代、年金その他の社会保険給付等定期的な収入の受領、家賃、地代、公共料金等定期的な支出を要する費用の支払並びにこれらに関する諸手続等一切の事項。
4. 生活に必要な送金及び物品の購入等に関する一切の事項。
5. 保険契約の締結、変更、解除、保険料の支払、保険金の受領等保険契約に関する一切の事項。
6. 登記の申請、供託の申請、住民票、戸籍事項証明書、登記事項証明書の請求、税金の申告・納付等行政機関に対する一切の申請、請求、申告、支払等。
7. 医療契約、入院契約、介護契約、施設入所契約その他の福祉サービス利用契約等、委任者の身上監護に関する一切の契約の締結、変更、解除、費用の支払等一切の事項。
8. 要介護認定の申請及び認定に対する承認又は審査請求に関する一切の事項。

（出典：美濃加茂公証役場ホームページ）

不用品回収やデジタル遺品の整理

　個人の不用品の処分に関しては、最近はメルカリなどの個人向けのインターネットサービスを利用することもできますが、相続などで品数が多い場合には手間がかかって現実的ではありません。不用品の出張買取サービスや遺品整理などの専門業者に、不用品の買取から、整理、回収、処分までを依頼するのがよいでしょう。

　また、遺品は目で見えるものばかりではありません。近年は、株式投資や暗号資産はもちろんのこと、預貯金などの銀行口座自体もネットバンクを活用している方が多くおられます。これらの遺品は通称「デジタル遺品」とも言われています。

　財産を守るために、本人がログインIDやパスワードを厳重に保管していることもあり、遺言執行者のように財産処分を委託された者であっても、遺言書に記載が漏れていた財産については、その存在に気が付かないこともあります。また、カード会社のポイントや航空会社のマイルなどについても、法定相続人が取得した場合などに限定されますが、相続財産の範囲に含まれる場合があります。

　デジタルで管理されているものを含め、相続が近づく前に、これらの財産を財産管理表(次ページ参照)などの一覧表にまとめておき、相続人が継続して保有するもの、相続までに処分するものなど、きちんと整理しておきましょう。また、財産管理表は一度作成して終わりではなく、3年に一度程度は見直し・チェックすることが大切です。

■ 財産管理表の例

1. 土地

	所在	番地	地目	面積	備考
1	大阪市中央区大手前	1丁目7番31号	宅地	100㎡	
2					
3					

2. 建物

	所在	家屋番号	種類	構造	床面積	備考
1	大阪市中央区大手前	1丁目7番31号	事務所	鉄筋鉄骨コンクリート造陸屋根6階建	600㎡	
2						
3						

3. 銀行（※ネットバンキングも記入）

	金融機関名	店舗名	預金の種類	金額	使用印	備考
1	三菱UFJ銀行	梅田支店	普通			
2	三井住友銀行	船場支店	定期			
3	楽天銀行	フーガ支店	普通			パスワードメモ

4. 株式及び投資信託（※ネット証券も記入）

	銘柄	単価	数量	金額	取引会社	店舗名	備考
1	日本電信電話㈱	2,500	1,000	2,500,000	野村証券	大阪支店	
2	SBI日本株3.8ベア	1,200	1,000	1,200,000	SBI証券		パスワードメモ
3							

5. 貸金庫

	金融機関名	単価	金庫番号	届出印	備考
1	みずほ銀行	天満橋支店			
2					
3					

6. その他財産

	品目	取得日	取得価額	取引先	備考
1	金　5kg	2000/2/15	5,120,000		貸金庫
2	ビットコイン	2019/3/16	2,160,000	コインチェック社	
3	JALマイル	1990/4/1	105,400マイル		会員番号‥‥‥

7. 年金・基礎年金番号・社会保険

	保険の種類	番号	保険期間	備考
1	A社企業年金		1980/4/1〜2000/5/31	
2	協会けんぽ		2000/6/1〜現在	
3				

8. 保険関係

1）生命保険

	1	2	3	4	5
保険の種類	医療保険	終身保険			
保険会社名	大同生命	日本生命			
担当者名	F税理士事務所	F税理士事務所			
証券番号					
契約者名	私	私			
被保険者名	私	私			
受取人	配偶者	配偶者			
満期日					
保険料払込方法	振込	振込			
払込期間	払込済み	払込済み			
死亡保証金	なし	80,000,000			
満期保険金	なし				
備考					

2）年金保険・障害保険

	1	2	3	4	5
区分	年金保険				
保険の種類	年金保険				
保険会社名	住友生命				
証券番号					
契約者名	私				
被保険者名	私				
保険金額（保険料）					
受取人	配偶者				
保険料払込日	払込済み				
満期払戻金	1200000（年金）				
備考	60歳から10年				

3）火災保険・地震保険など

	1	2	3	4	5
区分	地震保険				
物件の種類	地震保険				
物件所在地	自宅				
保険の種類	地震保険				
保険会社名	あいおいニッセイ同和				
担当者名	F税理士事務所				
証券番号					
保険金額	40,000,000				
契約者名	私				
保険料払込日					
満期払戻金	なし				
備考					

9. 借入金・リースなど

	借入先・リース会社	借入額	借入残高	借入日	返済期限	備考
1	三菱UFJ銀行	100,000,000	56,000,000	2005/8/10	2030/7/31	
2	トヨタファイナンス	6,000,000	2,400,000	2017/12/10	2023/11/30	
3						

10. 保障責務（保証人・連帯保証人になっているとき）

	主債務者（借入本人）	借入先	借入額	借入日	返済期限	備考
1	A社	三菱UFJ銀行	250,000,000	2018/6/20	2025/5/31	
2	田中一男	○○株式会社	10,000	2017/5/25	2012/4/30	
3						

QUESTION 1-4

成年後見制度

　友人の父が認知症になり、預貯金口座の解約に苦労したと耳にしました。私の父は現在は認知症ではありませんが、将来のことが心配なので、成年後見制度の利用も考えています。成年後見制度は認知症になる前でも利用することができるのでしょうか。

ANSWER ポイント

- ●介護が必要になった原因として、もっとも多いのは「認知症」です。
- ●成年後見制度には、「法定後見」と「任意後見」という2つの形式があります。
- ●法定後見はすでに認知証などになって契約行為ができない方の、任意後見は判断能力のある方が自ら後見人を選び、契約しておく形式です。

解説

75歳以上は5人に1人超が要介護となる

　介護保険制度における要介護又は要支援の認定を受けた人(以下「要介護者等」といいます。)は、平成29年度末で628.2万人となっており、平成20年度末(452.4万人)から175.8万人増加しています。

　65〜74歳と75歳以上の被保険者について、それぞれ要支援、要介護の認定を受けた人の割合を見ると、65〜74歳で要支援の認定を受けた人は1.3%、要介護の認定を受けた人が2.9%であるのに対して、75歳以上では要支援の認定を受けた人は8.6%、要介護の認定を受けた人は23.3%となっており、75歳以上になると要介護の認定を受ける人の割合が大きく上昇しています。

要介護の原因でもっとも多いのが認知症

　要介護者等について、介護が必要になった主な原因について見ると、「認知症」が18.7%と最も多く、次いで、「脳血管疾患(脳卒中)」15.1%、「高齢による

衰弱」13.8％、「骨折・転倒」12.5％となっています。また、男女別では、男性は「脳血管疾患（脳卒中）」が23.0％、女性は「認知症」が20.5％と特に多くなっています。老いは避けることはできません。また、高齢化とともに認知症などを発症し、それが原因で意思能力が失われることにもつながりかねません。

「法定後見」と「任意後見」という2つの形式

　成年後見制度には、「法定後見」と「任意後見」という2つの形式があります。前者の法定後見はすでに認知証などになって財産管理や契約行為ができない場合、裁判所が後見人を決めて保護するものです。

　任意後見では、判断能力のあるうちに自ら後見人を選び、財産管理や生活、看護・介護について契約しておき、判断能力が低下したら任意後見監督人が裁判所で選任されることによりその効力が生じ、後見人が財産管理や契約行為をしてくれます。何を後見人にしてもらいたいのか、具体的な中身は公正証書の形にまとめます。

　例えば、「長女に毎月10万円の生活費を渡す」、「ひとりで生活できなくなったら自宅を売って施設に入る」といった内容で、お金の運用についても希望を反映できます。

成年後見制度の利用者数は20万人超

　「成年後見関係事件の概要」（出典：最高裁事務総局家庭局）によると、令和元年12月末時点における、成年後見制度の利用者数は合計で224,442人となっています。家庭裁判所で成年後見の申立てをしても成年後見人が選任されるまで2か月程度はかかるようです（審理期間2か月以内のものが全体の約75.7％）。後見開始原因としては、認知症が最も多く全体の約63.3％となっています。

　主な申立ての動機としては、預貯金等の管理・解約が最も多く40.6％、次いで、身上監護21.8％となっています。また、後見・保佐・補助と3つの類型がある中で、後見類型の利用者の割合が全体の約80％を占めています（「成年後見制度利用促進基本計画」2頁）。

Q**UESTION** 1-5

法定後見制度

　知人の父は認知症がかなり進んでおり、息子である知人が父の成年後見人に選任されたと聞きました。成年後見人にはどのような役割があるのでしょうか。

A**NSWER**　ポイント

- ●法定後見制度では、家庭裁判所が成年後見人を選びます。
- ●成年後見人は、本人（被後見人）の財産に関するすべての法律行為を本人に代わって行うことができます。
- ●成年後見人は親族等が約21.8％、親族以外が約78.2％となっています。

解　説

法定後見は家庭裁判所が成年後見人を選任

　法定後見制度においては、家庭裁判所によって選ばれた成年後見人等が、本人の利益を考えながら、本人を代理して契約などの法律行為をしたり、本人が自分で法律行為をするときに同意を与えたり、本人が同意を得ないでした不利益な法律行為を後から取り消したりすることによって、本人を保護・支援します（民法9条）。

　ただし、自己決定の尊重の観点から、日用品（食料品や衣料品等）の購入など「日常生活に関する行為」については、取消しの対象になりません（民法9条ただし書き）。

　成年後見制度について、民法には以下のような規定があります。

> 民法858条（成年被後見人の意思の尊重及び身上の配慮）
>
> 　成年後見人は、成年被後見人の生活、療養看護及び財産の管理に関する事務を行うに当たっては、成年被後見人の意思を尊重し、かつ、その心身の状態及び生活の状況に配慮しなければならない。
>
> 民法859条（財産の管理及び代表）
>
> 　後見人は、被後見人の財産を管理し、かつ、その財産に関する法律行為について被後見人を代表する。
>
> 民法859条の3（成年被後見人の居住用不動産の処分についての許可）
>
> 　成年後見人は、成年被後見人に代わって、その居住の用に供する建物又はその敷地について、売却、賃貸、賃貸借の解除又は抵当権の設定その他これらに準ずる処分をするには、家庭裁判所の許可を得なければならない。

成年後見人は法律行為を本人に代わって行うことができる

　後見開始は家庭裁判所の審判によって始まります。後見開始の審判とは、精神上の障害（認知症、知的障害、精神障害など）によって判断能力が欠けているのが通常の状態の方（本人）を保護するための手続きです。家庭裁判所は、本人のために成年後見人を選任し、成年後見人は、本人の財産に関するすべての法律行為を本人に代わって行うことができます。

親族等が約21.8%、親族以外が約78.2%

　「成年後見関係事件の概要」（平成31年1月〜令和元年12月）によると、成年後見人等（成年後見人、保佐人及び補助人）と本人との関係をみると、配偶者、親、子、兄弟姉妹及びその他親族が成年後見人等に選任されたものが7,779件で、全体の約21.8%（前年は約23.2%）となっています。

　親族以外が成年後見人等に選任されたものは27,930件で、全体の約78.2%（前年は約76.8%）であり、親族が成年後見人等に選任されたものを上回っています。このうち、弁護士が7,763件、司法書士が10,539件などとなっています。

QUESTION 1-6

任意後見制度

　私は自分が将来、認知症になってしまうのではと心配で、任意後見制度の利用を考えています。任意後見制度を利用する際には、私の生活や財産管理に関してどのような点に注意が必要でしょうか。

ANSWER ポイント

● 任意後見制度は、本人が十分な判断能力があるうちに、将来に備えて、あらかじめ自らが代理人を選びます。

● 認知症等で判断能力が不十分な状況になったときに後見が開始します。

● 任意後見制度を活用する目的には、身上監護があります。

解説

任意後見は自身が代理人を選任

　任意後見制度は、本人が十分な判断能力があるうちに、将来、判断能力が不十分な状態になった場合に備えて、あらかじめ自らが選んだ代理人（任意後見人）に、自分の生活、療養看護や財産管理に関する事務について代理権を与える契約（任意後見契約※）を公証人の作成する公正証書で結んでおくというものです。

　いざというとき何を後見人にしてもらいたいのか、「ライフプランに基づいた事項を盛り込める」のが特徴で、裁判所がお金の使い道を厳しくみる法定後見に比べると自由度が高い制度といえます。

※　任意後見契約とは、委任者が、受任者に対し、精神上の障害により事理を弁識する能力が不十分な状況における自己の生活、療養看護及び財産の管理に関する事務の全部又は一部を委託し、その委託に係る事務について代理権を付与する委任契約であって、任意後見監督人が選任された時からその効力を生ずる旨の定めのあるものをいいます（任意後見契約に関する法律2条一）。

本人の判断能力が不十分な状況になると、後見がはじまる

　家庭裁判所は、任意後見契約が登記されている場合において、精神上の障害（認知症、知的障害、精神障害など）によって、本人の判断能力が不十分な状況にあるときは任意後見監督人を選任することができます。任意後見監督人の選任により、任意後見契約の効力が生じ、契約で定められた任意後見人が、任意後見監督人の監督の下に、契約で定められた特定の法律行為を本人に代わって行うことができます。

　後見開始の審判がなされると、被後見人の財産の生前贈与や、収益物件を購入したり新築したりすることはできません。また、任意後見制度も後見制度の一つである以上、財産管理に関する事務について代理権を与える契約があっても何でもできるとは限りません。

　そのため、被後見人の財産を贈与したり、新たな借入金で賃貸不動産を取得したりするような相続税対策はできないと考えておかなければなりません。

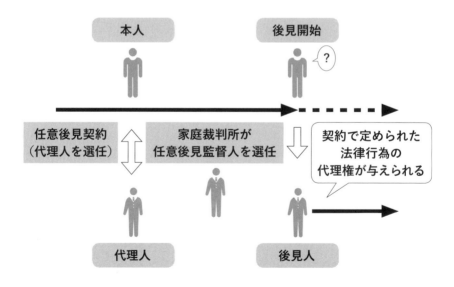

任意後見契約の活用の目的

　任意後見制度を活用する目的には、身上監護があります。

　身上監護とは、被後見人の身のまわりの手続き、つまり、生活、治療、療養、介護などに関する手続きを行うことです。次のような手続きが身上監護に該当します。

---

①　医療に関する手続き

②　介護に関する手続き

③　療養看護に関する手続き

④　リハビリに関する手続き

⑤　施設の入退所に関する手続き

⑥　住居の確保に関する手続き

※　被後見人の介護そのもの（本人の介護をしてあげること）は身上監護に含まれてはいません。任意後見人の行う身上監護とは、あくまで法律行為（手続きの代理）になります。

Advice プロからのアドバイス

信託制度と任意後見制度の併用

　信託は委託者が信託する財産を選んで受託者にその信託財産を任せる制度です。そのため、信託制度は身上監護権を有していません。

　一方、任意後見制度では財産管理を行うほか、生活・療養看護についての代理権が付与されています（任意後見契約に関する法律2条一）。そのため本人に代わって施設入所契約や入院契約を締結することが可能です（入院・施設への入居の際に求められる身元引受人のために「身元引受契約」も必要となることが多いと思います。）。

　したがって、信託制度と任意後見制度を併用し、財産管理と身上監護の役割を分担していくことが求められます。

成年被後見人が死亡した場合の後見契約

　本人（成年被後見人等、任意後見契約の委任者）が亡くなった場合、（任意）後見契約は終了します。しかし、成年後見人は、家庭裁判所の審判を得て、成年被後見人宛の郵便物の転送を受けることができます（民法860条の2、860条の3）。

　また、成年被後見人の死亡後に行うことができる事務（死後事務）については、①成年後見人が当該事務を行う必要があること、②成年被後見人の相続人が相続財産を管理することができる状態に至っていないこと、③成年後見人が当該事務を行うことにつき、成年被後見人の相続人の意思に反することが明らかな場合でないことの要件を満たす場合には、以下のような行為を成年後見人は行うことができます（民法873条の2）。

---

① 　個々の相続財産の保存に必要な行為
② 　弁済期が到来した債務の弁済
③ 　家庭裁判所の許可を得て、その死体の火葬又は埋葬に関する契約の締結
　　その他相続財産全体の保存に必要な行為

QUESTION 1-7

成年被後見人・被保佐人・被補助人

　認知症が軽度な場合には、成年後見人ではなく、保佐人や補助人の選任を受けることができると聞きましたが、これらの制度はそれぞれどのような違いがあるのでしょうか。

ANSWER ポイント

- ●成年被後見人は、原則として単独で有効な法律行為（契約等）はできません。
- ●成年被後見人よりも軽い症状の認知症等である場合は、被保佐人や被補助人とされ、単独で有効な法律行為（契約等）を行うことのできる範囲が広がります。

解説

成年被後見人は単独で契約等ができない

　精神上の障害により、事理を弁識する能力（判断能力）を欠く状況にあり、家庭裁判所から後見開始の審判を受けた人を「成年被後見人」といいます。

　精神障害者であっても、「後見開始の審判」を受けていない者は成年被後見人ではありません。

■ 成年被後見人の権限

原則	単独で有効な法律行為（契約等）はできません。 つまり、契約をしても後で取り消すことができます。
例外	日用品の購入など日常生活に関する行為は、単独で有効に意思表示や契約ができます。

成年後見人が法定代理人となる

　家庭裁判所によって選任された者が成年被後見人の保護者となり、「成年後見人」といいます。そして、成年後見人は、法律によって代理権が与えられているので、法定代理人となります。

　成年後見人は、①代理権、②取消権、③追認権を持っていて、成年被後見人の代理人として、契約を締結することができます（代理権）。また、成年被後見人が単独で、土地の売買契約をしてしまったら、それについて、後で取り消したり（取消権）、追認したり（追認権）することができます。

　任意後見によって、司法書士や弁護士ら専門家に頼んだ場合の費用は契約により異なりますが、目安として契約時に20万円、後見開始時に15万円、後見開始後の月々の報酬は３万円程度といわれてます。

被保佐人は単独で重要な財産上の行為ができない

　被保佐人とは、認知症の方でも、成年被後見人よりも軽い症状で、被補助人よりも重い症状の方をいいます。被保佐人も、成年被後見人や被補助人と同様、家庭裁判所の審判を受けることによって、被保佐人になることができます。被保佐人の場合は「保佐開始の審判」を受けることになります。

　被保佐人は、保佐人の同意を要さずにかなりの行為を単独で行えます。つまり、成年被後見人よりも多くの法律行為を行えるわけです。

　ただし、次に掲げるような重要な財産上の行為だけは単独で行うことができず、保護者である保佐人の同意が必要とされています。

　保佐人は「同意権」・「取消権」・「追認権」を有し、代理権は、本人の同意を得て、家庭裁判所の審判を受けることによって与えられます。保佐開始の審判には本人の同意は不要です。

■ 保佐人の同意を要する重要な財産上の行為

① 元本の領収または利用すること
（利子を受け取る行為は保佐人の同意不要）

② 借財または保証をする（保証人になったりする）こと

③ 不動産その他の重要な財産の売買・交換等をすること

④ 贈与、和解、仲裁合意

⑤ 相続の承認、放棄、遺産の分割

⑥ 贈与の申込の拒絶、遺贈の放棄、負担付贈与の承諾、負担付遺贈の承認

⑦ 新築、改築、増築、大修繕

⑧ 山林を除く土地の5年を超える賃貸借、3年を超える建物の賃貸借

被補助人は裁判所が決めた特定の行為以外は単独でできる

　被補助人は、認知症の方でも、成年被後見人や被保佐人よりも軽い症状の方です。被補助人も、成年被後見人や被保佐人と同様、家庭裁判所の審判を受けることによって、被補助人になることができます。

　補助の対象者は精神上の障害の程度が軽く、不動産の売買なども単独で行うことが可能な判断能力を有しています。ただ、本人の利益のために補助人のアドバイスを受けたり、補助人に代理してもらったりすることが必要である特定の法律行為について同意権や代理権を与えるものです。単独でできない法律行為は、家庭裁判所が補助人の同意が必要と決めた特定の行為だけです。

Advice プロからのアドバイス

補助開始は本人の同意が必要

　被補助人の判断能力は成年被後見人や被保佐人に比べると減退の程度は軽度です。そのため、本人以外の者による補助開始の審判は、本人の意思を尊重すべく本人の同意がなければできないことになっています。

　なお、同意は審判の要件ですので、補助開始の審判申立ての時点ではなく、後日、家庭裁判所が審判をする時に必要になります。

後見開始の審判	本人の同意は不要
保佐開始の審判	
補助開始の審判	本人の同意が必要

■ 後見制度の比較

	法定後見	任意後見	保佐	補助
根拠法	民法	任意後見契約に関する法律	民法	
対象者	精神上の障害によって判断能力が欠けているのが通常の方		判断能力が著しく不十分な方	判断能力が不十分な方
申立者	本人、配偶者、四親等内の親族や検察官、市区町村長など	本人、配偶者、四親等内の親族、検察官、市区町村長又は任意後見受任者	本人、配偶者、四親等内の親族や検察官、市区町村長など	
同意の必要性	本人の同意は不要			本人の同意が必要
被後見人の呼称	成年被後見人（民法8条）		被保佐人（民法12条）	被補助人（民法16条）
後見人の呼称	成年後見人	任意後見人	保佐人	補助人
後見監督人の選任	家庭裁判所は、必要があると認めるときは、後見監督人を選任することができる（民法849条）。	任意後見監督人が選任される（任意後見契約に関する法律4条）。	家庭裁判所は、必要があると認めるときは、保佐監督人を選任することができる（民法876条の3）。	家庭裁判所は、必要があると認めるときは、補助監督人を選任することができる（民法876条の8）。
成年後見人等によって取り消すことができる行為	日用品の購入など日常生活に関する行為以外の行為。		重要な法律行為（借財・保証・不動産その他重要な財産の売買等）は、取り消すことができる。	民法13条①に規定する行為のうち重要な財産行為の一部（民法17条）
成年後見人等の権限	被後見人の代理人として、代理権、取消権、追認権がある。		裁判所は、特定の法律行為について、代理権を与えることができる。	裁判所は、特定の法律行為について、代理権若しくは同意権（取消権）のいずれか又は双方を与えることができる。
取締役になれるか否か（会社法331条）	なれない			なれる

コラム

2

成年被後見人の確定申告

　成年後見人は、民法859条で財産に関する法律行為ができるとされていますので、裁判所が選任した成年後見人は、本人の利益を考えながら、本人を代理して契約などの法律行為をすることができますし、その法律行為に伴って発生する確定申告などの申告行為もできるものと考えます。

　国税通則法124条１項では、国税に関する法律に基づき税務署長等に申告書、申請書、届出書その他の書類を提出する者は、当該書類等にその氏名及び住所又は居所を記載しなければならないとされており、その提出が納税管理人又は代理人による場合には、納税管理人又は代理人の氏名及び住所を併せて記載しなければならないとされています。

　なお、代理人の場合には代理の権限を有することを書面で証明した者に限るとされていますので、成年後見人の場合も成年後見登記制度を利用して法定成年後見人であることを証明する登記事項証明書の添付を要するものと考えます（任意成年後見人の場合は代理人の権限を証する書面が必要）。

　また、同条２項２号では、納税管理人又は代理人によって申告書等が提出される場合には、その納税管理人又は代理人が押印しなければならないとされています。

具体的には、成年後見人が被後見人の所得税の確定申告書を提出することになりますが、確定申告書には、申告書の氏名欄の上段に「成年後見人○○○」と記載し、下段に「納税者氏名」を記載して、成年後見人の印を押印し、また、住所欄にも納税者の住所のほか成年後見人の住所も併せて記載して提出することになります。

財産管理等委任契約と任意後見契約

　財産管理等委任契約と任意後見契約は、別々ではなく、同時に作成しておくとよいと聞きましたが、それはなぜでしょうか。

ANSWER ポイント

●財産管理等委任契約では代理人の権限が認められない場合があります。
●財産管理等委任契約と任意後見契約をセットで公正証書により作成しておくと手続きが1回ですみます。
●任意後見契約には、3つの種類があります。

解説

財産管理等委任契約の注意点

　任意後見制度は判断能力の低下を理由としない身体的な障害を理由としての利用はできません。判断能力はあるが身体能力の低下があるため財産管理などを他の人に任せたい場合に財産管理等委任契約書を作成します。

　この契約では、財産管理権や身上監護のために必要な権限を受任者に与えます。任意後見契約と異なり、裁判所による監督がないことにより、権限乱用や横領される危険がありますので注意が必要です。

　このような理由から金融機関によってはこの財産管理等委任契約が有効であっても代理人の権限を認めないこともあるようです。

財産管理等委任契約と任意後見契約をセットで作成

　そこでまず、本人の判断能力のあるうちは、財産管理等委任契約で財産管理の事務を受任者が行えるようにします。財産管理等委任契約は私的な契約書で結ぶこともできますが、任意後見契約とセットで公正証書にて作成しておくことで手続きが1回ですみます。

任意後見契約とセットの場合、初めは財産管理等委任契約で財産の管理等を行い、本人の判断能力がなくなったら、任意後見契約に移行し任意後見人として財産管理を継続するという流れになります。後述の任意後見契約の種類の②移行型(財産管理等委任契約と任意後見契約の併用型)がこれにあたります。

任意後見契約には3つの種類がある

① 将来型

　現在は元気で健康な方で、将来、判断能力が低下した場合に後見人の支援がほしいという方が利用されます。任意後見契約の締結時はまだ判断能力は低下していませんが、将来の判断能力が低下した場合に備えて任意後見契約を行うもので、判断能力が低下しない限り任意後見契約の効力は生じません。本人の判断能力が低下した後、家庭裁判所が任意後見人を監督する任意後見監督人を選任したときに、初めて効力が生じる任意後見契約をいいます。

② 移行型 (財産管理等委任契約と任意後見契約の併用型)

　財産管理について、判断能力が低下する前から受任者等の支援がほしい方が利用されます。任意後見契約の締結時から、任意後見契約の効力が生じるまでの間の財産管理等の事務を委任する契約を締結する場合をいいます。

③ 即効型

　既に軽度の認知症等で判断能力が低下していますが、契約を締結する能力は有しており、契約締結時からすぐに支援が必要な方が利用されます。任意後見契約を締結後、すぐに本人又は受任者が家庭裁判所に任意後見監督人の選任を申し立てることを前提とした契約をいいます。

将来予想される事態と契約書等の内容

本人の状態	契約内容	監督する人	職務内容
判断能力はあるが、身体機能の低下があり、財産管理などを依頼したいとき	財産管理等委任契約	本人	見守り、財産管理、保険契約、行政機関の手続き、老人ホームや福祉サービスの利用契約など
認知症などで判断能力が低下したとき	任意後見契約	任意後見監督人	財産管理、保険契約、行政機関の手続、老人ホームや福祉サービスの利用契約など
亡くなったとき	遺言書または死後事務委任契約	——	葬儀、埋葬、遺品整理、金融機関・行政機関の手続き、入院費・介護サービス費の支払いなど

QUESTION 1-9

死後事務委任契約

　財産管理や任意後見の契約を締結し、生前の相続対策は万全ですが、私の相続開始後の手続きや事務にはこれらの契約の効果が及ばず、別の契約の締結が必要であると聞きました。それはどのような契約なのでしょうか。

ANSWER ポイント

●後見人や財産管理人の職務は委任者の死亡と同時に終了します。
　また、遺言執行者の職務は、遺言で定めた財産の手続きに限定されます。
●相続開始後の関係者への連絡や官庁届出・申請、医療費精算、納税、遺品整理等の事務を依頼するには、別途「死後事務委任契約」を締結します。
●死後事務委任契約は、委任者の死亡によっても契約は終了しません。

解説

後見契約は、原則として被後見人の死亡によって終了する

　後見契約は、原則として被後見人の死亡によって終了します※。

　また、信託は契約内容により、契約は継続することもあります。しかし、財産に関する管理や処分について信託することができるとされていることから、委任者の死亡に伴う事務を司ることはできません。

※　例外として、成年後見人は、成年被後見人の相続人が相続財産を管理することができる状態に至っていないことなど一定の要件を満たす場合に、家庭裁判所の許可を得て、その死体の火葬又は埋葬に関する契約の締結その他相続財産全体の保存に必要な行為を行うことができるとしています。

死後事務委任契約とは

　死後事務委任契約とは、委任者(本人)が第三者(個人、法人を含みます。)に対して、亡くなった後の諸手続、葬儀、納骨、埋葬に関する事務等に関する代理権を付与して、死後事務を委任する契約をいいます。

任意後見契約と財産管理契約は、生前の、判断能力が低下した場合に各種の契約や解約・その他の事務手続き等を行う委任契約であり、任意後見人や法定後見人・財産管理人の職務は、いずれも、委任者の死亡と同時に終了します。

遺言執行者の職務は、遺言で定めた財産の手続きに限定される

　また、遺言書で定める遺言執行者の職務は、遺言によって定めた財産の処分や分配、登記・登録などの財産上の手続きを行うものに限られます。

　そのため、親族等関係者への連絡、各種の官庁への届出や申請、病院や介護施設などの費用の精算、納税、遺品整理などの事務を頼みたい場合には、別途に「死後事務委任契約」を締結する必要があります。

死後事務委任契約の項目

　死後事務は、個別の事情に応じて多岐の項目から自由に必要な項目を選んで取り決めることができます。

■ 主な委任事務の具体例

---

① 　医療費、入院費等の精算手続きに関する事務

② 　家賃・地代・管理費等の支払いと敷金・保証金等の支払いに関する事務

③ 　老人ホーム等の施設利用料の支払いと入居一時金等の受領に関する事務

④ 　献体※、葬儀、火葬、納骨、埋葬に関する事務

　　※ 　献体しようと考える場合、本人の希望だけで行うことはできません。これは、死体の解剖をしようとする者は、その遺族の承諾を受けなければならない（死体解剖保存法７条）とされているからです（献体を希望される場合には、「公益財団法人不老会」の献体登録などを検討することが良いと思います。）。

⑤ 　永代供養に関する事務

⑥ 　相続財産管理人の選任申立手続に関する事務

⑦ 　賃借建物明渡しに関する事務

---

⑧ 行政官庁等への諸届け(死亡届、健康保険や年金の資格喪失届、運転免許証、マイナンバーカードやパスポートの返納など)事務
⑨ ペットの施設入所手続き
⑩ 生活用品・家財道具等の整理・処分に関する事務
⑪ 公共サービス等の名義変更・解約・清算手続きに関する事務
⑫ 私用パソコン内のデータ抹消
⑬ フェイスブックなどSNSへの報告投稿、アカウントの消去、解約手続き

デジタル遺品についても取り決めておく

パソコンに残しているプライベートなデータなどについては、完全消去を希望される方も多いと思いますし、ブログやホームページについては、死後も閲覧可能となるように維持管理を希望する場合、もしくは削除や解約手続きを希望する場合もあるかと思います。

SNSのアカウント等については、乗っ取りや成りすまし等によって、故人のみならず第三者にまで被害が及ぶリスクもありますので、管理の代行を委任するかアカウント抹消をするか決めておくことが無難です。

受任者は死亡届の届出人になれない

死亡届は、死亡の事実を知った日から7日以内に、手続対象者(親族、同居者、家主、地主、家屋若しくは土地管理人等、後見人、保佐人、補助人、任意後見人)が、死亡届書を作成し、死亡者の死亡地・本籍地又は届出人の所在地の市区町村役場に届け出ることとされています(戸籍法86条、87条)。

そのため、死後事務委任契約の受任者は、任意後見人に就任している場合を除き、死亡届の届出人になることができません。親族に協力いただけない場合は「家屋管理人」として病院長の氏名・押印を依頼します。

なお、市区町村役場への死亡届出書の提出は誰が行っても問題はありません。

委任契約は、民法の委任の規定の適用を受け、委任者が死亡することによって終了する(民法653条)と定められています。

民法653条(委任の終了事由)

　委任は、次に掲げる事由によって終了する。

一　委任者又は受任者の死亡

二　委任者又は受任者が破産手続開始の決定を受けたこと。

三　受任者が後見開始の審判を受けたこと。

死後事務委任契約は委任者の死亡で契約が終了しない

　通説・判例は、民法653条を任意規定であると解しており、当事者の合意によりその適用を排除することが可能とされています。

　そのことから、死後事務委任契約は、委任者の死亡によって契約が終了してしまうのであれば、契約をする意味がないことから、そのような契約には委任者の死亡によっても契約は終了しない旨の特約が黙示的に付されていると解されます。

　最高裁判決でも、死後事務委任契約は、委任者の死亡によっても契約を終了させない旨の合意を包含する趣旨のものといえると判示しています。

最高裁判決(平成4年9月22日)

【判決要旨】

　委任者が受任者との間でした自己の死後の事務を含めた法律行為等の委任契約と委任者の死亡による契約の終了について、「自己の死後の事務を含めた法律行為等の委任契約は、当然に、委任者の死亡によっても契約を終了させない旨の合意を包含する趣旨のものというべく、民法653条の法意がかかる合意の効力を否定するものでないことは疑いを容れないところである。」

公正証書で作成することが基本

　死後事務委任契約は、公正証書によって作成することが基本です。その場合に、委任者（依頼する人）と受任者（依頼される人）は、事前に予約し、それぞれ、①〜④のいずれかを公証役場に持参して死後事務委任契約公正証書を作成します。

---

①　印鑑証明書（発行後3か月以内）と実印

②　自動車運転免許証と認印

③　住民基本台帳カード（顔写真付き）と認印

④　個人番号カード（顔写真付き）と認印

　なお、死後事務委任契約公正証書の作成手数料は、11,000円＋正本謄本代（3,000円程度）が目安です。

※　正本を受任者に、謄本を本人に交付されます。

Advice プロからのアドバイス

受任者は相続人に報告義務がある

　死後事務委任契約における委任者の立場は、相続人に引き継がれるので、委任事務の経過及び結果について、死後事務の受任者は相続人に報告する義務が発生します（民法645条）。

民法645条（受任者による報告）

　受任者は、委任者の請求があるときは、いつでも委任事務の処理の状況を報告し、委任が終了した後は、遅滞なくその経過及び結果を報告しなければならない。

■ 死後事務委任契約公正証書の記載例

令和■■年第■■■号
（公正証書作成日　令和■■年■■月■■日）

死後事務委任契約公正証書

　本公証人は、委任者〇〇（以下「甲」という。）及び受任者●●（以下「乙」という。）の嘱託により、次の法律行為に関する陳述の趣旨を録取し、この証書を作成する。

（契約の趣旨）
第1条　委任者甲と受任者乙は、以下のとおり死後事務委任契約を締結する。

（委任者の死亡による本契約の効力）
第2条　甲が死亡した場合においても、本契約は終了せず、甲の相続人は、委託者である甲の本契約上の権利義務を承継するものとする。
2　甲の相続人は、前項の場合において、第13条記載の事由がある場合を除き、本契約を解除することはできない。

（委任事務の範囲）
第3条　甲は、乙に対し、甲の死亡後における次の事務（以下、「本件死後事務」という。）を委任する。
　①　行政官庁等への諸届け事務
　②　献体、葬儀、火葬、納骨、永代供養に関する事務
　③　生活用品・家財道具等の整理・処分に関する事務
　④　医療費、入院費等の清算手続きに関する事務
　⑤　老人ホーム等の施設利用料等の支払い及び入居一時金その他残債権の受領に関する事務
　⑥　公共サービス等の名義変更・解約・清算手続きに関する事務
　⑦　ペットの施設入所手続き
　⑧　以上の各事務に関する費用の支払い
2　甲は、乙に対し、前項の事務処理をするに当たり、乙が復代理人を選任する

ことを承諾する。

（献体・葬儀・火葬）
第4条　第3条の献体及び火葬は、献体登録先の大学で行う。万一、献体が行えなかった場合は、乙が指定する斎場にて葬儀を行い、火葬を行う。

（永代供養）
第5条　第3条の納骨及び永代供養は、○○宗■■寺派▲▲▲寺にて執り行う。

（ペットの施設入所）
第6条　第3条のペットの施設入所は、■■■（事務局□□□）に依頼する。
2　前項の入所期間は終身とし、費用は一括前払いとする。

（連絡）
第7条　甲が死亡した場合、乙は、速やかに、甲があらかじめ指定する親族等の関係者に連絡する。

（預託金の授受）
第8条　甲は、乙に対し、本契約締結時に、本件死後事務を処理するために必要な費用及び乙の報酬に充てるために金▲▲▲万円を預託する。
2　乙は、甲に対し、前項の預託金（以下、「預託金」という。）について、預り証を発行する。
3　預託金には、利息を付けない。
4　預託金のうち金▲▲▲万円をペットの終身入所費用に充てることとする。

（預託金の定期返還）
第9条　乙は、甲に対し、本契約締結後から1年が経過するごとに、ペットの終身入所費用の減額分返還のため、金▲▲万円を甲名義の金融機関の預金口座に振り込む方法により支払うこととする。支払いに要する費用は甲の負担とする。
2　万一、甲さんより先にペットが死亡したときは、乙は、ペットの施設入所費用として預託していた費用の全額を甲名義の預金口座へ振り込む方法で返還して支払うこととする。支払いに要する費用は、甲の負担とする。

（費用の負担）

第10条　本件死後事務を処理するために必要な費用は、甲の負担とし、乙は預託金からこれを支出することができる。

（報酬）

第11条　本件死後事務処理に対する報酬は、○○行政書士事務所の報酬基準によるものとし、本件死後事務終了後、乙は、預託金からその支払いを受けることができる。

（契約の変更）

第12条　甲又は乙は、甲の生存中、いつでも本契約の変更を求めることができる。

（契約の解除）

第13条　甲又は乙は、甲の生存中、次の事由が生じたときは、本契約を解除することができる。

　　①　乙が甲からの預託金を費消するなど信頼関係を破綻する行為をしたとき

　　②　乙が健康を害し死後事務処理をすることが困難な状態になったとき

　　③　経済情勢の変動など本契約を達成することが困難な状態になったとき

（契約の終了）

第14条　本契約は、次の場合に終了する。

　　①　乙が死亡又は破産したとき

　　②　甲と乙が別途締結した「任意後見契約」が解除されたとき

（預託金の返還、精算）

第15条　本契約が第13条（契約の解除）又は第14条（契約の終了）により終了した場合、乙は、預託金を甲に返還する。

2　本件死後事務が終了した場合、乙は、預託金から費用及び報酬を控除し残余金があれば、これを遺言執行者又は相続人若しくは相続財産管理人に返還する。

（報告義務）

第16条　乙は、本件死後事務終了後１か月以内に、本件死後事務に関する次の事項について、遺言執行者又は相続人又は相続財産管理人に対し、書面で報告するものとする。

　　①　本件死後事務につき行った措置

　　②　費用の支出及び使用状況

　　③　報酬の授受

（守秘義務）

第17条（内容省略）

（免責）

第18条　乙は本契約の条項に従い、善良な管理者の注意を怠らない限り、甲に生じた損害について責任を負わない。

（協議）

第19条（内容省略）

（出典：美濃加茂公証役場及び松戸公証役場のホームページ）※著者が一部修正

墓じまい

　少子高齢化で墓守が困難になってきています。そのことから、墓じまいを考える人も少なくありません。墓じまいは、墓を処分することを意味する造語ですが、大きく分けて、①改葬と、②墓じまい（廃墓）に区分されます。改葬を行おうとする者は、市町村長の許可を受けなければならない（墓地埋葬法5条①）とされています。

改葬

　改葬とは、埋葬した死体を他の墳墓に移し、又は埋蔵し、もしくは収蔵した焼骨を、他の墳墓又は納骨堂に移すことをいう（墓地埋葬法2条③）としています。厚生労働省が公表している「衛生行政報告例」（生活衛生　第6表）によると、平成30年度の改葬は全国で115,384件（うち、無縁墳墓等の改葬は、4,033件）と毎年増加の一途となっています。

　改葬は、①樹木葬（花や草木の下に納骨するスペースを設けてあるお墓）、②合祀墓（遺骨を他の人の遺骨と一緒に納骨され供養を行うお墓）、③納骨堂（他人の委託をうけて焼骨を収蔵するために、納骨堂として都道府県知事の許可を受けた施設をいいます。墓地埋葬法2条⑥）、及び④一般墓に区分されます。

　子がいない、いても子には面倒なお寺との付き合いはさせたくないといった要望に応えられるのは、樹木葬、合祀墓や納骨堂など永代供

養墓(お墓を管理する親族がいなくても、手続きの費用や供養料を支払うことで、寺院が永代に渡り供養してくれるお墓)に限られます。

※　厚生労働省は「樹木葬森林公園に対する墓地、埋葬等に関する法律の適用について」(平成16年10月22日健衛発第1022001号18)という通知において、地面に穴を掘り、その穴の中に焼骨をまいた上で、①その上に樹木の苗木を植える方法により焼骨を埋めること、または、②その上から土や落ち葉等をかける方法により焼骨を埋めることは、墓地、埋葬等に関する法律……4条にいう「焼骨の埋蔵」に該当するとしています。
　　　そのことから、焼骨の埋められた場所は「墓地」となり、墓地等の経営については許可制を定めていて(墓地埋葬法10条)、墓地の経営主体は、市町村、宗教法人及び公益法人に限られるとされています。

墓じまい(廃墓)

　手許供養、海洋葬などによる散骨がその代表例です。

　最近話題になっている「散骨」に関しては、これまで「埋葬又は焼骨の埋蔵は、墓地以外の区域に、これを行ってはならない。」(墓地埋葬法4条①)、あるいは刑法190条の遺骨遺棄罪にあたるとして禁じられていましたが、平成3年、東京の市民団体が神奈川県沖で散骨を行った際、法務省は、「社会的習俗として宗教的感情などを保護する目的だから、葬送のための祭祀で、節度をもって行われる限り問題はない」という見解を明らかにしましたが、現在正式見解とは認められていません。結論として、散骨葬については黙認しているというのが実状です。

　もし、突然の病などで倒れそのまま亡くなった場合、本来であれば、そのお骨は遺族に返されます。しかし、遺族もおらず故人一人だけの場合は、各自治体が管理される無縁供養塔に納骨され他の遺骨と一緒に埋葬されてから供養されます。

2 遺言書作成と信託活用

QUESTION 2-1

遺言制度

　自筆による遺言書を法務局で預けることができる新しい制度がスタートしたと聞き、遺言書を書いてみようと考えたのですが、友人からは公証役場で作成する遺言の方が安心であると勧められています。それぞれの遺言書には、どのような違いがあるのでしょうか。

ANSWER ポイント

● 遺言をすることができる行為は法律で定められています。

● 遺言には法的な効力のない付言事項を書くこともできます。

● 遺言をする能力とは満15歳以上である者とされています。

● 相続対策として作成する遺言書は「公正証書遺言」が適切です。

● 令和２年７月10日から自筆証書遺言書を保管する制度が創設されました。

解説

遺言の法律上の効果

　遺言は、原則的には遺言者の死亡により効力を生じ、また、相続人等の利害関係者に影響を及ぼす行為であるため、遺言をすることができる行為が法律で定められています。よって、法律で定められた事項以外のことを遺言書に記載しても、その遺言は法律上の効果はありません。

　「私の死んだ後もお互いに助け合って家族仲良く暮らすように」といったものは、遺言ではありますが、法的効力は生じません。

■ 法律で定められた遺言事項

① 認知（民法781条）

② 未成年後見人、後見監督人の指定（民法839条、848条）など

③ 推定相続人の廃除とその取消し（民法893条、894条）

④ 祖先の祭祀主宰者の指定（民法897条）

⑤ 相続分の指定、指定の委託（民法902条）

⑥ 持戻しの免除の意思表示（民法903条③）

⑦ 遺産分割方法の指定、指定の委託、遺産分割の禁止（民法908条）

⑧ 遺言による担保責任の定め（民法914条）

⑨ 包括遺贈・特定遺贈（民法964条）

⑩ 遺言執行者の指定（民法1006条）

⑪ 配偶者居住権の存続期間に係る別段の定め（民法1030条）

⑫ 遺贈侵害額の負担の定め（民法1047条）

⑬ 財団法人の設立（一般社団法人及び一般社団法人に関する法律152条）

⑭ 信託の設定（信託法 3 条 2 号）

⑮ 保険金受取人の変更（保険法44条、73条）

⑯ 遺言の撤回（民法1022条）など

※ 以上のうち、遺言でしかできない事項としては、②、⑤、⑦、⑧、⑨、⑩、⑫とされています。認知・推定相続人の廃除とその取消し・財産の処分（遺贈および寄附行為など）などの事項は、遺言によっても生前に行っても、どちらでも法律的効力をもっています。

法的な効力のない付言事項を書くこともできる

　付言事項は、法的な効力を有しないものの、遺言者の真意を伝えたり、希望を書くことができます。たとえば、財産の大半を長男に相続させる遺言を作成したとき、遺留分を侵害された二男に対して、なぜそのような遺言書を作成したのかを書き、遺された兄弟間の心情的なあつれきを少しでも防止できるように配慮したりすることもできます。

　他にも、亡き後の処理のしかた、葬儀の方法や献体の希望を書いたり、親族の融和や家業の発展を祈念する旨など様々な希望を書いたりもできます。

　しかしながら、付言された事項に法的な効力はありませんから、それを守るかどうかは相続人次第です。相続人には、遺言者の最後の意思を表明したものですから付言事項を尊重してもらい、結果として付言された内容が実現されることを望むほかありません。

　それでも、事後の争いを少しでも防止する意味からも、遺言者の真意をはっきりと相続人に伝えることは重要なことのように思います。

　なお、付言内容が長文になる場合には、遺言書に付言事項として記載する代わりに「宣誓認証」という方法もあります。

遺言ができる能力は満15歳以上

　被相続人が遺言書を作成している場合には、被相続人の遺産の分割方法に関しては基本的には被相続人の遺志が尊重され、遺言書の記載内容に基づき分割されることとなります。

　遺言者は、遺言するときにおいてその能力を有しなければなりません。遺言をする能力とは満15歳以上である者で、自分の行った行為の結果を判断し得る精神能力（意思能力）を有し、自分が一人で契約などの有効な法律行為ができる能力をいいます。

Advice プロからのアドバイス

軽度の認知症で意識がはっきりとしているときに残した遺言書

　遺言ができる年齢については、未成年者（満20歳未満）であっても満15歳になれば、遺言能力があるとされています（民法961条）ので判断に迷うことはありませんが、重い病気などで意識が朦朧としている状態の人や、軽度の認知症の人で意識がはっきりとしているといったようなときに残した遺言書については、本当に有効なのかどうか問題になることがあります。

　法律上では精神上の障害により事理を弁識する能力を欠いていた者が、その能力を一時的に回復した時には遺言できるとしていますので、このような特別な状況のときに遺言書を作成するときには、医師2人以上の立会いを求めて遺言ができる状態であったことを証明してもらわなければなりません。なお、遺言が成立した後に、遺言者が意思能力を失った場合であっても、その遺言の効力を失うことはありません。

　また、意思能力はあるが言葉を話せない人や耳の聞こえない人が公正証書遺言を作成する場合は、「口述」に代えて通訳人の通訳又は筆談、「読み聞かせ」に代えて通訳又は閲覧により、作成することができます。

遺言書には3つの方式がある

　普通方式による遺言書には、「自筆証書遺言」、「公正証書遺言」、「秘密証書遺言」の3つの方式があります。それぞれの作成方法、長所及び短所などについては、次の表のとおりです。そのうち、相続対策で作成する遺言書については、遺言書の有効性について疑義の入る余地の少ない「公正証書遺言」によることをお勧めします。

■ 遺言書の3つの方式

遺言の種類	作成方法	長　所	短　所	備　考
自筆証書遺言 （民法968条） （民法971条）	① 本文部分は遺言者が自書し、財産目録は自書以外も可。 ※ 財産目録には署名・押印をしなければなりません。 ② 証人や立会人は要りません（遺言者が単独で作成できます）。	① いつでも、どこでも作成でき、遺言書作成に伴う証人は不要で、費用もかかりません。 ② 遺言の内容についても、遺言書の作成についても秘密が保持できます。	① 紛失や改ざんの心配があります。 ② 文字を書ける人に限られます。 ③ 方式不備、内容不備による無効の可能性があります。 ※ 法務局で保管されている場合には、①や③の方式不備の懸念は解消されます。	① 加除訂正の方法に十分注意する必要があります。 ② 遺言書の保管方法に注意する必要があります。 ③ 死後に家庭裁判所での検認手続が必要です（法務局に保管されている場合は不要。）。
公正証書遺言 （民法969条） （民法969条の２）	① 2人以上の証人の立会いが必要です。 ② 遺言者が口述し、公証人が筆記します。 ③ 公証人が遺言者及び証人に読み聞かせます。 ④ 遺言者及び証人が筆記の正確なことを承認して、各自署名押印します。 ⑤ 公証人が方式が適正であることを付記して署名押印します。	① 紛失や改ざんの心配がありません。 ② 遺言内容について争いが生じたり、遺言が無効とされることが少なくなります。 ③ 文字を書けない人でもできます。	① 遺言書作成に伴い証人2人以上が必要で、公証人に対する費用がかかります。 ② 手続が面倒で手間がかかります。 ③ 遺言の内容は秘密にできません。	① 検認手続は必要ありません。 ② 証人欠格に注意することが必要です。 ③ 遺言検索システムによる検索ができます。 ※ 聴覚又は言語機能に障害がある者が手話通訳又は筆談により公正証書遺言をすることができます。
秘密証書遺言 （民法970条） （民法972条）	① 遺言者が自身で又は他者に代筆を依頼し、遺言書を作成します（署名・捺印以外はパソコン等利用可）。 ② 遺言者が遺言書に署名し、押印します。 ③ 遺言者が遺言書を封じ、同じ印章で封印をします。 ④ 遺言者が公証人及び２人以上の証人の前に封書を提出し、自分の遺言書である旨及び筆記者の氏名・住所を申述べます。 ④ 公証人が日付と遺言者の申述を封書に記載し、遺言者、証人とともに署名押印します。	① 遺言の内容を秘密にし、その存在のみを明らかにできます。 ② 改ざんの心配がありません。 ③ 署名押印さえできれば、他の文字が書けない人でもできます。 ④ 公正証書遺言と比べて費用が安く、一律11,000円とされています。	① 遺言書作成に伴い証人2人以上が必要で、公証人に対する費用がかかります。 ② 紛失の恐れがあります。 ③ 方式、内容に不備があると無効や争いになる可能性があります。	① 加除訂正の方法に十分注意する必要があります。 ② 検認手続が必要です。 ③ 証人欠格に注意する必要があります。 ※ 言語機能に障害がある者が手話通訳により秘密証書遺言をすることができます。 ※ 遺言書に捺印した印鑑と同様の印鑑、遺言書を入れる封筒を用意します。

※ 公正証書遺言及び秘密証書遺言を作成する場合の証人については、次の①～③の者は証人になることはできません。①未成年者、②推定相続人・受遺者並びにこれらの者の配偶者及び直系血族、③公証人の配偶者・４親等内の親族、書記及び使用人。なお、遺言者が証人を探すことができない場合には、公証役場で紹介してもらえます（有料）。

公正証書遺言の作成に必要な資料

　公正証書遺言の作成を依頼する場合には、最低限以下の資料が必要です。なお、事案に応じて他にも資料が必要となる場合もありますが、詳細については、事前に最寄りの公証役場に確認してください。

① 　遺言者本人の本人確認資料(印鑑登録証明書と実印、運転免許証、マイナンバーカード等顔写真入りの公的機関の発行した証明書のいずれか一つ)

② 　遺言者と相続人との続柄が分かる戸籍謄本

③ 　財産を相続人以外の人に遺贈する場合には、その人の住民票(法人の場合には資格証明書)

④ 　財産の中に不動産がある場合には、固定資産評価証明書又は固定資産税・都市計画税の課税明細書(必要に応じて登記事項証明書も求められることがあります。)。

⑤ 　証人予定者の名前、住所、生年月日及び職業

⑥ 　遺言執行者の住所・職業・氏名・生年月日

⑦ 　遺言内容を記載したもの

自筆証書遺言書を保管する制度が創設

　平成30年7月6日、民法(相続関係)の一部を改正する法律が成立し、同年7月13日公布されました。

　この法律の施行日は、原則として、令和元年7月1日ですが、自筆証書遺言の方式緩和については、平成31年1月13日から施行されています。

　また、法務局における遺言書の保管等に関する法律(以下「遺言書保管法」といいます。)により、高齢化の進展等の社会経済情勢の変化に鑑み、相続をめぐる紛争を防止するという観点から、法務局において自筆証書遺言に係る遺言書を保管する制度が新たに設けられ、令和2年7月10日から施行されています。

■ 民法（相続関係）の改正の主なポイント

① 配偶者短期居住権及び配偶者居住権が創設されました。
② 婚姻期間20年以上の夫婦間における居住用不動産の贈与等について、持戻し免除の意思表示を推定する規定を設けました。
③ 遺産分割前の預貯金の払戻し制度を創設しました。
④ 自筆証書遺言の方式の緩和をしました。
⑤ 遺言執行者の権限を明確化しました。
⑥ 遺留分制度の見直しをしました。
⑦ 特別寄与制度を創設しました。

自筆証書遺言書の保管手数料は1通につき3,900円

　法務局で自筆証書遺言を保管する制度において、遺言書の保管の申請、遺言書の閲覧請求、遺言書情報証明書又は遺言書保管事実証明書の交付の請求をするには、手数料を納める必要があります（遺言書保管法12条）。必要な手数料は以下のとおりです。

■ 自筆証書遺言書保管制度の手数料一覧

申請・請求の種別	申請・請求者	手数料
遺言書の保管の申請	遺言者	一件につき、3,900円
遺言書の閲覧の請求 （モニター）	遺言者 関係相続人等	一回につき、1,400円
遺言書の閲覧の請求 （原本）	遺言者 関係相続人等	一回につき、1,700円
遺言書情報証明書の交付請求	関係相続人等	一通につき、1,400円
遺言書保管事実証明書の交付請求	関係相続人等	一通につき、　800円
申請書等・撤回書等の閲覧の請求	遺言者 関係相続人等	一の申請に関する申請書等又は一の撤回に関する撤回書等につき、1,700円

※　手数料は収入印紙を手数料納付用紙に貼って納付します。その際、収入印紙には割印をしないこととされています。なお、遺言書の撤回及び変更の届出については手数料はかかりません。

Question 2-2

予備的遺言・補充遺贈

　私の相続人は妻と随分昔に仲違いした兄の2人です。できれば兄には財産を残したくないため、遺言書で私の財産をすべて妻に相続させたいと考えています。ただ、妻は最近大病を患ったこともあり、もし妻が先に亡くなった場合は、妻の姪に財産を残したいと考えたのですが、この点について遺言書にはどのように書けばよいのでしょうか。

Answer　ポイント

● 遺言者の死亡以前に受遺者が死亡すると遺言の当該部分が失効します。
● 夫婦の年齢が近いときはお互いが遺言書で補充遺贈をしておくとよいでしょう。

解説

遺言者の死亡以前に受遺者が死亡すると遺言の当該部分が失効

　相続人や受遺者が、遺言者の死亡以前に死亡した場合(以前とは、遺言者より先に死亡した場合だけでなく、遺言者と同時に死亡した場合も含みます。)、死亡した者の遺言の当該部分は失効してしまいます。そのため、受遺者の相続人が代襲相続することはなく、遺言者の相続人が相続することになります。したがって、そのような心配のあるときは、予備的に、たとえば、「もし、妻が遺言者の死亡以前に死亡したときは、その財産を○○に遺贈する。」と書いておくようにしましょう。これを「予備的遺言」又は「補充遺贈」といいます。

第1章

2

遺言書作成と信託活用

> 【記載例】
>
> 第1条　遺言者は、その有する次の不動産を遺言者の妻○○○に相続させる。
>
> ⋮
>
> 第10条　遺言者は、遺言者と同時又は遺言者よりも先に上記妻○○○が死亡したときは、次のとおり相続させる。
>
> ①　第1条に記載した財産は、妻の姪△△△(昭和○年○月○日生)に相続させる。

夫婦の年齢が近いときはお互いが遺言書で補充遺贈をする

　配偶者と兄弟姉妹が相続人の場合で、すべての財産を配偶者に相続させたいと思うときには、「妻(夫)○○にすべての財産を相続させる」とする遺言書を残しておけば、兄弟姉妹には遺留分がないことから、その願いを実現することができます。

　しかし、この場合、夫婦の年齢が近いときには、いずれが先に相続が発生するか分からないので、お互いが遺言書に補充遺贈によって遺言者よりも先に配偶者が死亡した場合にその財産を誰に相続(遺贈)させるのか書いておくようにします。

　さらに、遺言書の解釈にあたり、疑念が生じないように「本遺言書作成後に遺言者が取得した財産については、○○に相続させる」などと記載しておくことが望ましいと考えます。

QUESTION 2-3

遺言執行者

　私は早くに子と妻を亡くしており、相続人には長く付き合いのない妹がいますが、所有する不動産については妹ではなく、子の妻に遺贈しようと考えています。これから遺言書を作成しようと思うのですが、私のようなケースで遺言執行者の指定は必要となるのでしょうか。

ANSWER ポイント

- ●遺言執行者は遺言内容に基づき、①相続財産の管理や処分、②認知での戸籍届出、③相続人廃除の家庭裁判所請求、④不動産の登記などを行います。
- ●遺産争いが想定される場合は、遺言執行者に専門家を指定しておくと安心です。
- ●民法改正により遺言執行者の権限が明確化されました。

解説

遺言執行者とは

　遺言執行者は、遺言の内容を実現するために存在します。そのため、遺言執行者は、遺言の内容を実現するために、相続財産の管理その他遺言の執行に必要な一切の行為をする権利義務を有しています（民法1012条①）。

　例えば、①相続財産の管理や処分権、②認知では戸籍の届出をすること、③相続人廃除の遺言では、家庭裁判所に対してその旨の請求をする、④不動産を遺贈すると記載されている場合には不動産の登記を行うことなどが仕事となります。

　例えば、子の妻や孫に不動産を相続させようと考える場合は、遺言書には「遺贈」すると書きます。この場合、遺言執行者の指定がされていなければ、受遺者（子の妻や孫）単独で不動産の相続登記をすることができず、相続人全

員の協力(印鑑証明書の添付)が必要となります。さらに、「遺贈する」形式の遺言の場合には登記済権利書又は登記識別情報も必要となります。

しかし、遺言執行者が指定されていれば、遺言執行者の権限によって相続人の協力は必要がなく相続登記ができ、相続人もその執行を妨げることはできません。

ただし、遺言執行者は正当な理由があれば家庭裁判所の許可を得て辞任することができます。また、任務を怠れば利害関係人の請求によって解任されます(民法1019条)。

遺言執行者を誰にするか

遺言執行者は、遺言者の遺志を正しく理解し、公平な執行を行わなければならないことから、誠実で信頼できる人物であることが望ましいと考えられます。遺言書で遺言執行者を誰にするかについては、候補者として、①相続人のうちから選ぶ、②弁護士などの専門家を選ぶ、③信託銀行を指定するなどが考えられます。

遺言執行者は、未成年者や破産者はなることができませんが、それ以外であれば誰でもなることができ(民法1009条)、受遺者や相続人が遺言執行者になることもできます。

しかし、遺産争いが想定されるような場合には、遺言執行者は専門家を指定しておくことが無難な選択と思います。

遺言書に遺言執行者が指定されていない、又は遺言執行者が死亡している場合などでは、家庭裁判所に選任の申立てをして遺言執行者を選任してもらいます(民法1010条)。

■ 遺言執行者選任のための必要書類

必要書類	問い合わせ先
遺言執行者選任の申立書	遺言者の最後の住所地の家庭裁判所
遺言者の死亡の記載のある戸籍（除籍、改製原戸籍）謄本（全部事項証明書）	
遺言執行者候補者の住民票又は戸籍附票	
遺言書写し又は遺言書の検認調書謄本の写し	
利害関係を証する資料（親族の場合、戸籍謄本（全部事項証明書）等）	

民法改正で遺言執行者の権限が明確化された

　民法改正において、遺言執行者の一般的な権限として、遺言執行者がその権限内において遺言執行者であることを示してした行為は相続人に対し直接にその効力を生ずることや、特定遺贈又は特定財産承継遺言（いわゆる相続させる旨の遺言のうち、遺産分割方法の指定として特定の財産の承継が定められたもの）がされた場合における遺言執行者の権限等を明確化しました。

　改正の概要は以下のとおりです。

① 通知義務（民法1007条②）

　遺言執行者に就任した者がその任務を開始したときは、相続人に対し遅滞なく遺言の内容を通知すべきことになりました。改正前の民法1011条においても、「遺言執行者は、遅滞なく、相続財産の目録を作成して、相続人に交付しなければならない」としていて、遺言執行者から相続人へ財産目録の交付を義務付けていますが、「遺言の内容」を通知すべき明文の規定はありませんでした。

② 遺言執行者の権利義務（民法1012条）

　遺言執行者の法的地位について、遺言者の意思と相続人の利益が対立する場合においても、遺言執行者はあくまで遺言者の意思に従って職務を行えば良いとすることが明確にされました。これは、民法1012条１項において、「遺言の内容を実現するため」という目的が追加され明確になりました。

　また、民法1012条２項において、「遺言執行者がある場合には、遺贈の履行は、遺言執行者のみが行うことができる」と定めています。これは、特定遺贈と包括遺贈を区別することなく、遺言執行者のみが遺贈義務者となることを明らかにしました。例えば、不動産について遺贈があった場合、遺言執行者は不動産の所有権移転登記手続を行う権限を有しているから、受遺者と共同で所有権移転登記手続を行うことになります。預貯金債権の移転についても遺言執行者の権限に含まれます。

③ 特定財産承継遺言

　「遺産の分割の方法の指定として遺産に属する特定の財産を共同相続人の一人又は数人に承継させる旨の遺言」を特定財産承継遺言（民法1014条②）と定義しました。

＜不動産の場合＞

　「遺言執行者は、当該共同相続人が第899条の２第１項に規定する対抗要件を備えるために必要な行為をすることができる」（民法1014条②）と定めています。したがって、遺言執行者は、「相続させる」旨の遺言を執行する場合、対抗要件を備える行為についてはその権限に含まれることになります。

　一方、特定の不動産を「相続させる」旨の遺言がされた場合において、登記実務上、不動産登記法63条２項により、不動産を取得する相続人が単独で登記申請することができるとされていて、遺言執行者の権限として、不動産登記手続をする権限はない（最高裁判決：平成７年１月24日）ことになります。

　以上のことから、相続人が所有権移転登記手続を怠っているなどの事情がある場合に、遺言執行者の権限として単独で登記申請を行うことができると考えられます。

＜預貯金債権の場合（民法1014条③）＞

　「前項の財産が預貯金債権である場合には、遺言執行者は、同項に規定する行為のほか、その預金又は貯金の払戻しの請求及びその預金又は貯金に係る契約の解約の申入れをすることができる。ただし、その解約の申入れについては、その預貯金債権の全部が特定財産承継遺言の目的である場合に限る。」と定めています。

　そのため、「○○銀行の△支店の普通預金口座のうち、500万円を長男甲に相続させる」というように、特定財産承継遺言であっても、特定の預貯金口座の一部が目的物となっている場合には、遺言執行者は解約手続を行うことができません。一方で、特定財産承継遺言の対象となっている部分（上記の遺言の例では500万円）についての払戻手続については行うことができます。

　なお、預貯金以外の金融商品については規定が設けられなかったので、遺言執行者に当該金融商品の解約権限があるかどうかは、遺言書に明記する必要があります。

④ 遺言執行者の復任権（民法1016条）

　民法改正前は、やむを得ない事由がなければ、第三者にその任務を行わせることができないとし、遺言者がその遺言に反対の意思を表示したときはこの限りではないとしていました。そのため、遺言者が遺言書に「遺言執行者は、その業務を第三者に委任することができる。」と記載するなどして、第三者に遺言執行を任せることができるようにしていました。

　改正後の民法は、「遺言執行者は、自己の責任で第三者にその任務を行わせることができる。ただし、遺言者がその遺言に別段の意思を表示したときは、その意思に従う。」と定めています。

　今後は、家族等の一般の人が遺言執行者に指定されていても、遺言書に別段の意思表示がされていなくても、弁護士などの専門家に業務を委託することができるようになります。

Column

コラム

4

包括遺贈と特定遺贈

　遺言によって無償で財産を他人に残すことを遺贈といい、遺贈によって財産を受ける者を受遺者といいます。また、遺贈は、相続財産を特定することなく、その全部または一部を特定の者に贈与することができ、これを包括遺贈といいます。具体的には、「遺言者は全財産の三分の一を長男Aの子○○に遺贈する」というように、全財産に対する割合を示して遺贈することです。

　「包括受遺者」とは、このように遺言者の財産の全部または一部の包括遺贈を受ける者のことをいいます。包括受遺者は、他に相続人や他の包括受遺者がいる場合には、それらの者と同一の権利義務を有し、共同相続することになります。

　一方、特定遺贈とは、遺贈する財産を具体的に特定し遺贈する方法です。例えば、「甲土地の三分の一を遺贈する」とか「A銀行の預金全部を遺贈する」といったように、特定の不動産や金銭財産を、割合を示して遺贈することです。特定遺贈によって財産を取得する者のことを「特定受遺者」といいます。

■ 一部包括遺贈と特定遺贈による遺言書の記載例

> 　妻に全財産の二分の一を相続させる。残余の財産のうち、土地及び建物は長男に、現預金及びその他の財産については長女に相続させる。

　以上の場合、妻は「包括受遺者」、長男及び長女は「特定受遺者」とされます。

　特定遺贈は包括遺贈とは違い、特に遺言で指定をされていなければ遺贈者の借金などのマイナス財産を引き継ぐことはありません。そのため、相続人や包括受遺者以外の者に対して、負担付遺贈（例えば、土地建物を遺贈する代わりにローンを返済してください）を行う場合には、土地建物の相続税評価額からローンの額を差し引いた金額が土地建物の課税価格となります。しかし、本来の「債務控除」はできないため、あくまで特定受遺者が取得した財産の評価額を限度に、ヒモ付きの債務しか控除できない点に注意が必要です。

QUESTION 2-4

信託と成年後見制度

　成年後見制度の利用を考えていましたが、私は複数の賃貸不動産を所有しており、後見開始後に、もし財産の運用や処分に支障が出るようであれば、これらの財産を信託財産とする方法もあると耳にしました。信託制度とはどのようなものなのでしょうか。

ANSWER ポイント

●信託で任せられるのは財産の管理や処分に関することに限られます。

●成年後見制度は、被後見人の財産の管理や処分が家庭裁判所の監督下に置かれるため、被後見人の望む財産の処分は原則行うことができません。

解 説

信託で任せられるのは財産の管理や処分に関することのみ

　「信託」とは、特定の者が一定の目的（専らその者の利益を図る目的を除きます。）に従い財産の管理又は処分及びその他の当該目的の達成のために必要な行為をすべきものとすることをいう（信託法2条①）と規定しています。

　そのため、信託では、受託者（信託財産に属する財産の管理又は処分及びその他の信託の目的の達成のために必要な行為をすべき義務を負う者）は身上監護を行うことはできません。信託で任せられるのは、財産の管理や処分に関することのみとなります。

成年後見では財産の管理や処分は家庭裁判所の監督下に

　一方、後見制度によると被後見人の財産の管理や処分については家庭裁判所の監督下に置かれることから被後見人の望む財産の処分などは原則行うことができません。

また、信託は委託者が信託する財産を選んで受託者にその信託財産を任せる制度です。

　そのため、信託財産は信託契約に沿った管理運用ができるのですが、それ以外の財産については委託者固有の財産のままです。

　信託財産については、受託者が柔軟に管理運用処分行為ができますが、それ以外の財産については、信託財産ではないので、管理運用等はできないので、委託者が判断能力を失った場合には、成年後見制度を利用する必要がでてくるのです。

　信託の受託者と成年後見人とでは、次の表のように権限等が異なります。

■ 信託と成年後見制度の相違点

	信託の受託者	成年後見人
財産の運用や処分	受託者は契約に基づいて委託者の希望どおりに財産の運用や処分ができる。	原則として、生前贈与など本人の財産を減らす行為はできない。また、財産の積極的な運用や処分も自由にできない。
本人死亡後の事務や財産整理	信託契約に基づいて、受益権を受益者に配分することができる。また、葬儀費用を信託しておくこともできる。	本人が死亡した時点で任意後見人の任務は終了となる。そのため、本人死亡後の事務処理がスムーズに行えない可能性がある。

QUESTION 2-5

信託銀行の商品名である「遺言信託」

先日、近所の信託銀行で「遺言信託」という案内を目にしました。これはどのような信託なのでしょうか。

ANSWER ポイント

●信託銀行の「遺言信託」は商品名ですので、信託法における信託とは無関係です。

●信託銀行は、遺言執行業務で①身分行為に関する事項は行わない、②原則として法的紛争が生じている場合には遺言執行は行わないこととしています。

解説

「遺言信託」という商品は信託法とは無関係

信託銀行が行っている「遺言信託」は、「遺言についての相談から遺言書の作成、遺言書の保管、財産に関する遺言の執行」を行うという商品にすぎません。このような業務は、信託法にいう信託とは無関係ですから、混乱のないように注意する必要があります。

信託銀行が取り扱う相続関連業務(いわゆる遺言信託業務)については、日本弁護士連合会と一般社団法人信託協会とは、相続関連業務について、以下のような内容を相互に確認(平成6年2月)しています。

第1　遺言書作成に関する相談業務

1.　信託銀行は、遺言による信託の引受および遺言執行者に就任する可能性のある事案において、遺言書の作成に通常必要とされる事項につき顧客の相談に応じる。

---

2. 信託銀行は、顧客の財産に関して本人と推定相続人その他の者との間で現に法的紛争があり、または法的紛争を生じる蓋然性が極めて高いと認められる場合には、相談に応じない。

第2 遺産整理業務

1. 信託銀行は、顧客の求めに応じて、相続人が遺産整理および分割協議を進めるために必要な知識・情報等の判断材料を提供し、相続人の総意に沿った分割協議のための参考案を提示したり、相続人全員の意見が一致した場合に分割協議の文書化に協力したりする。

2. 信託銀行は、分割協議がまとまらないときは、当該遺産整理業務を打ち切るものとし、分割協議を成立させるために、信託銀行が遺産分割案を作成・提示したり、調停工作に関与・助力したりすることは避ける。

3. 信託銀行は、相続債権・債務について、示談交渉を伴う取立・履行を行なわない。

第3 遺言執行業務

1. 信託銀行は、財産に関する遺言の執行業務を行なう。同一の遺言書に財産に関する事項と身分行為に関する事項とが併記されている事案においては、信託銀行は、両者を分離して処理することができることとなった時点で、財産に関する事項を執行する。

2. 信託銀行は、遺産に関する遺言書であっても、遺言執行者就任前にすでに法的紛争が生じており、遺言執行業務を遂行することが著しく困難と認められる場合には、遺言執行者に就任しない。

以下略

以上

　以上の申し合わせ内容からは、信託銀行は、遺言執行業務において、①身分行為に関する事項（たとえば相続人の死後認知など）は行わない、②原則として法的紛争が生じている場合には遺言執行は行わないこととしています。

　そのため、共同相続人間において遺産分割等でもめている場合には、遺言信託を行っていても、信託銀行は遺言執行を辞退する確率が高いということになります。

QUESTION 2-6

信託法による遺言

　私は個人で事業をしており、先々の後継者への財産の承継が悩みの種なのですが、先日、顧問税理士から信託行為を遺言で定める「遺言信託」という手法があると聞きました。これはどのような手法なのでしょうか。

ANSWER ポイント

- ●遺言信託は、委託者（遺言者）の遺言で信託を設定する形態の信託です。
- ●遺言代用の信託は、生前に自己（委託者）を信託の当初受益者に設定し、委託者死亡時に信託契約上指定された者に受益権を取得させるものです。
- ●後継ぎ遺贈型受益者連続信託は、個人企業における後継者確保の有効手段としてのニーズに対応したものです。

解説

遺言による方法（信託法3条2号）

　特定の者に対し財産の譲渡、担保権の設定その他の財産の処分をする旨並びに当該特定の者が、一定の目的に従い、財産の管理又は処分及びその他の当該目的の達成のために必要な行為をすべき旨の遺言をする方法です。遺言によって財産の処分が可能ですが、ポイントは、これにプラスして、受託者を指定して、その者に「一定の目的に従い財産の管理又は処分及びその他の当該目的の達成のために必要な行為」を命じることが、遺言によってできることです。

　遺言信託は、委託者、すなわち遺言者の遺言を通じて信託を設定する形態の信託で、遺言であり、委託者の単独行為によって行われる要式行為ですが、信託法上はその方式等の定めはありません。遺言信託は、当該遺言の効力の発生によってその効力を生ずることとされています。

```
【基本の仕組み】
①　遺言者　父
②　信託の内容
・委託者　父
・受託者　長男
・受益者　障害を持つ二男
・信託財産　収益不動産
```

　遺言書によって、父が死亡したら収益不動産(受益債権)は二男が相続します。収益不動産の名義は、受託者である長男になり、長男が信託目的に従ってその財産の管理又は処分を行うこととなります。

遺言代用の信託(信託法90条)

　遺言代用の信託とは、自己の死亡時における財産の処分を遺言によって行う代わりに、生前に自己(委託者)を当初受益者とする信託を設定し、信託契約上、委託者の死亡時において当然に委託者が受益権を失い、信託契約上指定された者が受益権を取得する旨を定めることなどによって、遺言と同様の目的を相続手続の外で実現しようとするものです。

　例えば、委託者が受託者に財産を信託して、委託者自身を自己生存中の受益者とし、自己の子・配偶者などを「死亡後受益者」(委託者の死亡を始期として受益権または信託利益の給付を受ける権利を取得する受益者)とすることによって、自己の死亡後における財産分配を信託によって達成しようとするものです。

　信託法90条は、「委託者の死亡の時に受益権を取得する旨の定めのある信託等の特例」という見出しで、いわゆる遺言代用の信託として、次の2類型を規定しています。

> 1号・・・委託者の死亡の時に受益者となるべき者として指定された者が受益
>   権を取得する旨の定めのある信託
> 2号・・・委託者の死亡の時以後に受益者が信託財産に係る給付を受ける旨の
>   定めのある信託

　受益者変更権は、信託契約に留保していない限り行使できないのが原則ですが、遺言代用の信託においては、受益者変更権を留保していなくとも、信託契約に別段の定めがない限り、委託者は受益者変更権を有するものとされています。

　なお、上記2号類型において、当該受益者は委託者死亡前において既に受益者であることから、委託者が信託の変更、信託の終了を望む場合、当該受益者の保護のため、原則として当該受益者の同意を要することになります。しかし、それでは遺言代用の信託における委託者の通常の意思に合わないと考えられることから、信託法90条2項は、委託者が死亡するまで、受益者としての権利を有しないものと定めています。

　遺言代用信託では、例えば、相続が発生したときに、葬儀費用や当面の生活費などの必要な資金を、予め指定された受取人が速やかに受け取ることができるような商品や、長期に亘って、顧客のニーズに合わせた金銭の支払いを行うなどオーダーメイドの財産管理ができる商品があります。

■ 遺言代用信託の受託件数（累計）の推移 　　　　　　　　　　(件)

平成21年度末	平成27年度末	平成28年度末	平成29年度末	平成30年度末	令和元年度末
13	133,781	148,418	158,849	169,020	180,711

（出典：一般社団法人信託協会）

なお、信託財産は遺言代用信託によって指定された受益者に受益権が移転しますが、信託財産以外の財産については遺産分割協議が必要となります。そのため、信託財産以外の財産については遺言書を残しておくことが肝要です。

後継ぎ遺贈型受益者連続信託（受益者の死亡により他の者が新たに受益権を取得する旨の定めのある信託）（信託法91条）

　「後継ぎ遺贈型受益者連続信託」とは、例えば、委託者Ａが自己の生存中は自らが受益者となり、Ａの死亡によりＢ（例えばＡの妻）が次の受益者となり、さらに、Ｂの死亡によりＣ（例えばＡの子）がその次の受益者となるというように、受益者の死亡により他の者が新たに受益権を取得する旨の定めのある信託をいいます。生存配偶者等の生活保障や個人企業における後継者確保の有効手段としてのニーズに対応したものと考えられます。受益者が胎児である場合や最初に生まれた子を次の受益者とするなど、信託設定時に存在しない者を連続受益者の１人とすることもできます。

　ただし、これについては、財の固定化防止及び相続法理等も考慮して、当該信託がされたときから30年を経過した時以後において、現に存する受益者が当該定めにより受益権を取得し、かつ、その受益者が死亡し又は当該受益権が消滅するまでの間に限って、その効力を有することとされました。

　この制限の範囲内であれば、受益者の死亡を契機とする受益権の承継の回数に信託法上の制限はないことになります。

　同様のことを、民法の遺言（遺贈）で実現することは困難です。遺言では妻に財産を相続させることはできても、妻が死亡した後にその財産を先妻の子へ譲与することまでは拘束できないという説が通説となっているからです。

■ 後継ぎ遺贈型受益者連続信託が活用される代表的な事例

① 妻との間に子のいない夫は、妻に財産を残したいが、妻の死亡後は、妻の親や兄弟にその財産を相続させるよりも、自分の兄弟に承継させたいと望むケース。

② 後妻との間に子のいない夫は、後妻に財産を残したいが、後妻の死亡後は、後妻の親や兄弟、又は後妻が再婚するかもしれない将来の夫に相続させるよりも、自分と先妻との間の子に承継させたいと望むケース。

③ 親が死亡したときは長男と二男が相続人である場合で、長男夫婦には子がなく、二男夫婦には子がいるときに、長男が主たる財産を相続すると長男死亡後は長男の妻が法定相続分の3/4を相続することになると、その後、長男の妻が死亡したらその妻の兄弟姉妹などへ財産が相続されることになるため、長男、又は長男の妻が死亡した後は、二男や二男の子に相続させたいと望むケース。

④ 居住用不動産が主たる財産である夫は、妻が生存中は、子との遺産分割のための不動産の売却を回避して、その不動産を妻の居住用として確保してやりたいが、妻の再婚の可能性等を考慮し、妻の死亡後は、その不動産を確実に子に承継させたいと望むケース。

⑤ 株式会社を経営する父親は、長男に事業を承継させたいが、長男の死亡後は、経営手腕から判断して、長男の子（孫）よりもむしろ二男に事業を承継させたいと願い、その会社の過半数の株式を長男から二男へと承継させたいと望むケース。

3 相続人不存在・遺産整理業務

QUESTION 3-1

相続財産法人・相続財産管理人

私は一人っ子で生涯独身であるため、相続人となる親族がいません。私の相続の際は、遺産はどのように取扱われるのでしょうか。

ANSWER ポイント

- ●相続人不存在や相続人全員の相続放棄があった場合は、相続財産は相続財産法人とされます。
- ●相続人不存在等の場合、家庭裁判所は相続財産管理人を選任します。
- ●相続財産管理人は、被相続人の債務等を清算し、清算後残った財産を国庫に帰属させます。

解説

相続財産法人とは

相続人がいることが明らかでないとき、また、相続人全員が相続を放棄したとき、民法は相続財産を法人とする旨を定めています（民法951条）。これが「相続財産法人」です。

法人となった相続財産であってもひとたび相続人が現れれば、法人は存在しなかったものとみなされますが、相続財産管理人の行為は有効とされます。

民法951条（相続財産法人の成立）

　相続人のあることが明らかでないときは、相続財産は、法人とする。

民法952条（相続財産の管理人の選任）

　前条の場合には、家庭裁判所は、利害関係人又は検察官の請求によって、相続財産の管理人を選任しなければならない。

　2　前項の規定により相続財産の管理人を選任したときは、家庭裁判所は、遅滞なくこれを公告しなければならない。

相続財産管理人選任申立てとは

　相続人の存在、不存在が明らかでないとき（相続人全員が相続放棄をして、結果として相続する者がいなくなった場合も含まれます。）には、家庭裁判所は、利害関係人又は検察官の申立てにより、相続財産の管理人を選任します。

　相続財産管理人は、被相続人の債権者等に対して被相続人の債務を支払うなどして清算を行い、清算後残った財産を国庫に帰属させることになります。

　なお、特別縁故者（被相続人と特別の縁故のあった者）に対して相続財産の分与がなされる場合もあります。

　相続財産管理人の選任申立ては、被相続人の最後の住所地の家庭裁判所に、利害関係人（受遺者（包括・特定）、被相続人の債権者又は債務者、相続財産上の担保権者、特別縁故者など）又は検察官が行うこととされています。

相続人がいるかどうかわからない
（利害関係人が家庭裁判所に相続財産管理人選任の申立て）

相続財産管理人の選任（家庭裁判所が官報に公告）
（民法952条②）

（公告期間：2か月）

債権者・受遺者の確認（相続財産管理人が官報に公告）
（民法957①）

（公告期間：2か月）

残余財産の精算　　　　残余財産なし

残余財産あり　　　終了

相続人の捜索
（家庭裁判所が相続財産管理人の申立てにより官報に公告）
相続人捜索の公告（民法958条）

（公告期間：6か月）

相続人が現れない（相続人不存在の確定）（民法958条の2）

（3か月以内）

家庭裁判所に対する特別縁故者からの相続財産分与請求
（民法958条の3）

認められると　　　認められない

清算後の相続財産の全部（又は一部）を取得。残余の財産は国庫に帰属

国庫に帰属（民法959条）

QUESTION 3-2

特別縁故者に対する財産分与

　私は相続人がいないので、すべての遺産を国に納めることになると考えていましたが、特別縁故者が財産を引き継ぐ場合もあると耳にしました。これはどのような制度なのでしょうか。

ANSWER ポイント

- ●相続人不存在等の場合でも、相続財産を特別縁故者へ分与する制度が設けられています。
- ●家庭裁判所は特別縁故者からの請求により、特別縁故者に相続財産の全部又は一部を与えることができます。
- ●特別縁故者とは、①被相続人と生計を同じくしていた者、②被相続人の療養看護に努めた者、③その他被相続人と特別の縁故があった者が該当します。

解説

特別縁故者に財産が分与される制度がある

　相続人の不存在が確定しても、残余の相続財産について一律に国庫に帰属させることは適当ではないことから、残余の相続財産を特別縁故者へ分与する制度が設けられています。

　特別縁故者への残余財産の分与を認めた趣旨は、①もし被相続人による遺言がなされていたとしたら遺贈をされていたであろう者に被相続人の遺志を推測して残余財産を分与するという遺言制度の補充という点と、②内縁の配偶者のように実質的に相続人同様の地位にあった者に対して残余財産を分与することにより法定相続制度を補充するという点にあります。

特別縁故者から家庭裁判所への請求が必要

　相続人の存否が不明の場合に家庭裁判所により選任された相続財産管理人が被相続人の債務を支払うなどして清算を行った後、家庭裁判所の相続人を捜索するための公告で定められた期間内に相続人である権利を主張する者がなかった場合、家庭裁判所は、相当と認めるときは、被相続人と特別の縁故のあった者（被相続人と生計を同じくしていた者、被相続人の療養看護に努めた者又はその他被相続人と特別の縁故があった者）の請求によって、その者に、清算後残った相続財産の全部又は一部を与えることができます。

特別縁故者に該当する者

　特別縁故者に当たると思う者は、相続人捜索の公告期間6か月の満了後3か月以内に、被相続人の最後の住所地の家庭裁判所に申し立てることとされています。特別縁故者に該当する者とは、次のような者です。

---

①　被相続人と生計を同じくしていた者

　具体的な例としては、内縁の妻、事実上の養子、事実上の養親とみるべき関係にある者、未認知の子などが該当します。

②　被相続人の療養看護に努めた者

　具体的な例としては、被相続人と生計を同じくしていなかった親族や知人などで、特に被相続人の療養看護に尽くした者がこれに該当します。

③　その他被相続人と特別の縁故があった者

　被相続人の妹の孫とその配偶者に対して老人ホームに入居後相当期間に渡る貢献を評価して財産分与を認めたもの（大阪高裁：平成20年10月24日決定）、短期間の貢献でも被相続人の生前の合理的意思を考慮し、被相続人の又従兄弟の配偶者に財産分与を認めたもの（鳥取家裁：平成20年10月20日審判）、被相続人の従兄妹に、自宅に引きこもりがちとなり、周囲との円滑な交際が難しくなった被相続人に代わり、葬儀や建物の修理等の重要な対外的行為を行い、折りに触れ被相続人の安否確認を行うなど「被相続人と特別の縁故があった者」に該当すると認めたもの（東京家裁：平成25年12月26日審判）、など、さまざまなものがあります。

Advice プロからのアドバイス

相続を放棄した者と特別縁故者

　　相続放棄の申述をすると、その後、詐欺、脅迫、錯誤により申述した場合を除き、撤回できません。相続放棄した結果、相続人がいなくなったような場合は、相続放棄した者も、特別縁故者として分与の申立てができます。相続放棄したことは、特別縁故者になる障害になりません。

　　その場合、どのくらいの遺産が与えられるかについては、「残存すべき相続財産の全部又は一部を与えることができる（民法958条の３第１項）」と規定されていて、裁判例では、全遺産が与えられた例もあります。

コラム

5

清算型遺言や特別縁故者への
財産分与に係る登記

清算型遺言と所有権移転登記

遺言者に相続人がいない場合、遺言者名義の財産を売却して換価し、その代金を誰かに遺贈するという「清算型遺言」を行うときの不動産の相続手続きは、遺言執行者が指定されていれば、改めて相続財産管理人を選任することなく、相続人不存在を原因として、遺言執行者が相続財産法人名義にする登記をし、その後、遺言執行者と買受人の共同申請によって売買による所有権移転登記をすることになります（登記研究619号219頁）。

相続人不存在の場合における清算型遺言による登記手続
（登研619号）

○要旨：相続人のいない遺言者が清算型遺言を残して死亡した場合において、遺言執行者が選任又は指定されているときは、改めて相続財産管理人を選任するまでもなく、遺言執行者が当該遺言に係る登記を申請することができる。

▽問：相続人のいない遺言者が、遺言者名義の不動産を売却・換価し、その代金を債務に充当して、残金を遺贈する旨の遺言を残して死亡した場合、遺言執行者が選任又は指定されているときは、改め

て相続財産管理人を選任しなくても、遺言執行者の申請により相続財産法人名義への登記名義人表示変更の登記をした上で、遺言執行者と当該不動産の買受人との共同申請により、所有権移転登記をすることができるものと考えますが、いかがでしょうか。

◇答：貴見のとおりと考えます。なお、この場合であっても、遺言執行者が指定されている遺言書又は家庭裁判所の選任書並びに相続人が不存在であること及び遺言者の死亡を証する書面を添付する必要があります。

特別縁故者への所有権移転登記

　相続財産の分与が認められた場合には、特別縁故者への所有権移転登記を申請することになります。ただし、この登記における登記権利者は特別縁故者、登記義務者は相続財産法人です。したがって、相続財産法人への登記名義人氏名変更登記がなされていることが前提となります。

　不動産その他の登記・登録を有する財産の分与があった場合、特別縁故者は、単独で権利取得の登記を申請できます。登記原因は「令和○年○月○日民法958条の3の審判」とし、日付は審判確定の日となります。

　登記原因証明情報としては審判書正本が必要となります。また、この審判については即時抗告が可能であることから、確定証明書も必要です。

　なお、単独登記ですから登記識別情報や登記義務者の印鑑証明書は不要で、登録免許税の税率は、不動産の価額の1,000分の20です。

コラム

6

持分の放棄及び共有者の死亡の場合

　民法255条の規定は、持分の放棄が行われたとき、その放棄の対象となった持分の帰属の決定先を定めたもので、共有者が死亡して相続人が不存在の場合にも適用されます。しかし、特別縁故者が存在する場合の処理方法について、最高裁判決（平成元年11月24日）では、「共有者の一人が死亡し、相続人の不存在が確定し、相続債権者や受遺者に対する清算手続が終了したときは、その持分は、民法958条の３に基づく特別縁故者に対する財産分与の対象となり、右財産分与がされないときに、同法255条により他の共有者に帰属する。」としています。

　つまり、民法上は「相続人がいなかったら、共有持分は他の共有者に帰属する」と規定しているものの、その共有持分権に担保が設定されていたり、相続債権者への弁済のために換価の必要があったり、あるいは、特別縁故者への分与の必要があるなどといった場合には、民法255条によって直ちに他の共有者に帰属するということにはならないということです。

第1章

3

相続人不存在・遺産整理業務

　民法255条後段の立法趣旨も「相続財産が共有持分の場合にも国庫に帰属するものとすると国と他の共有者との間に共有関係が生じ不便」という点にあり、共有持分権者の一人が死亡して相続人がいないという場合であっても、相続債権者や競売を実行したい担保権者、特別縁故者にあたる者は、民法255条の規定に惑わされずに相続財産管理人選任申立てを行えばいいということになります。

　なお、区分所有法24条においては、民法255条の規定は区分所有建物とその敷地利用権については適用しないものとされています。

　これは、相続人のいない区分所有建物とその敷地利用権を所有している者が死亡したときに、区分所有建物が国庫に帰属し、その敷地利用権が他の共有者に帰属することによる区分所有建物とその敷地利用権の分離を防止しようとするものです。

民法255条（持分の放棄及び共有者の死亡の場合）
　共有者の一人が、その持分を放棄したとき、又は死亡して相続人がないときは、その持分は、他の共有者に帰属する。

コラム

7

相続人不存在にならないために

少子化や未婚の人が増加していることによって、相続人が不存在の場合も増加傾向にあります。また、相続人が全員相続の放棄をすることによって相続人が不存在になることもあります。その場合、利害関係人は、家庭裁判所に相続財産管理人の選任申立てを行い、相続財産管理人が被相続人の財産の整理を行うこととなります。

しかし、相続人が不存在の場合でも、遺言書に相続財産の全部について包括受遺者が存在するときには、相続財産法人は成立しないと考えられます。

なぜなら、民法951条（相続財産法人の成立）の規定は、相続財産の帰属すべき者が明らかでない場合におけるその管理、清算等の方法を定めたものです。包括受遺者は、相続人と同一の権利義務を有し（民法990条）、遺言者の死亡の時から原則として被相続人の財産に属した一切の権利義務を承継するものであって、相続財産の全部について包括受遺者が存在する場合には相続財産法人による諸手続を行わせる必要がないから、遺言者に相続人が存在しない場合でも相続財産全部の包括受遺者が存在するときは、民法951条にいう「相続人のあることが明らかでないとき」に当たらないものと考えられます（最高裁：平成9年9月12日判決）。

第1章

3

相続人不存在・遺産整理業務

QUESTION 3-3

遺言書が残されていない場合の遺産整理業務

　私は総合コンサルティング型の士業法人の代表を務めており、法人内には税理士や弁護士、司法書士、行政書士などの資格を有するスタッフが在籍しています。クライアントから財産の名義変更手続き等（遺産整理業務）を受諾しているのですが、いずれの士業者がこの業務を担当すべきでしょうか。

ANSWER ポイント

● 遺言による指定がない場合は、共同相続人全員協議で遺産分割を行います。

● 遺産整理業務とは、遺言書がない場合等において、専門家が財産目録の作成、遺産分割協議書に基づく遺産分割手続き（登記、名義変更、換価処分等）を行う業務をいいます。

● いずれの士業が遺産整理業務に関わる場合でも、遺産分割協議がスムーズに調うよう、中立的な立場から的確なアドバイスと調整役を担うことが肝要です。

解 説

遺言による指定がない場合は、共同相続人全員協議で遺産分割

　相続が開始するとそのときから、被相続人の財産に属した一切の権利義務を包括的に相続人が継承します。相続人が複数の場合においては、相続財産は共同相続人全員の共有となります。

　被相続人の遺言による指定がない場合には、共同相続人全員の協議で分割を行います。全員の参加と同意が必要で、一部の相続人を除外し、あるいはその意思を無視した分割協議は無効となります。遺産の分割は、遺産の暫定的な共有状態における権利を解消するために行われるものです。

　相続税の申告を必要としない場合でも、共同相続人全員の共有の財産とさ

れる遺産については、遺産分割協議などによって相続人の財産とする手続き
が必要となります。そのため、財産目録の作成は不可欠です。相続税の申告
と同様に固定資産税の課税台帳や預金の取引明細などからすべての遺産の
洗い出しが必要となります。

　また、遺産分割についても、民法の規定に準拠して分割協議が共同相続人
間でスムーズに運ぶことも重要と考えます。具体的には、遺産に属する物又
は権利の種類及び性質、各相続人の年齢、職業、心身の状態及び生活の状況
その他一切の事情を考慮して行うよう民法906条で定めています。「年齢」は
年少者を、「心身の状態」は心身障害者等を、「生活の状況」は生存配偶者の居
住権などをそれぞれ主として配慮しての定めだといわれています。

　しかし、遺産分割協議においては、民法の規定する分割の基本に準拠する
ことが望ましいのですが、結果的にどのような分割になっても意見の一致を
得たものでさえあれば、遺産分割協議は有効とされます。

遺産整理業務とは

　主な財産の名義変更手続き（遺産整理業務）は、以下のようなものになります。

---

①　不動産の名義変更

　被相続人名義の不動産について名義変更を行う場合には、その不動産の所
在地を管轄する登記所（地方法務局）で相続を原因とする所有権移転登記申
請を行います。

　なお、相続登記には、不動産の固定資産税評価額の0.4％相当額の登録免
許税が課されます。

②　預貯金の名義変更

　金融機関は、預金者に相続が発生したことを知ったら、預金を凍結し、一
部の相続人が勝手に引き出しを行うことができないようにします。特に借

入金の返済口座や公共料金等の引き落とし口座については、早めに手続きをし、支払いが滞らないよう注意をする必要があります。

　金融機関では、遺言書（公正証書による遺言書で遺言執行者の定めがあるものを除きます。）や遺産分割協議書があっても、各金融機関所定の書類に相続人全員の押印（実印）がなければ預金の払戻しに応じてもらえないこともあるので、各金融機関ごとに手続き方法を確認する必要があります。

③　株式の名義変更

　株式の名義変更については、発行会社から証券代行の委託を受けている信託銀行等において行います。手続き方法は、会社によって異なるため、各会社ごとに確認が必要です。

　その他、証券会社に口座を開設している場合には、証券会社における手続きも併せて必要となります。

④　生命保険金の請求

　保険事故が発生した場合、その生命保険契約の受取人に指定された者が、生命保険会社に対し、保険金支払いの請求を行うこととなります。

　生命保険金は、相続税の課税対象となりますが、契約者と保険会社の間において締結された保険契約において受取人と指定された人の固有財産となるため、遺産分割協議の対象となりません。

　生命保険金の請求方法についても、保険会社ごとにより異なるため、保険会社に確認が必要です。

　なお、保険金、年金、給付金、払戻金、配当金などを請求する権利には、時効があり、保険会社では支払う事由が生じた日の翌日からその日を含めて3年間としています。3年を過ぎると保険金請求権は消滅してしまうことになります。しかし、事実が証明できれば時効後でも支払われることもありますので、被保険者が亡くなったときは、できるだけ早く保険会社に連絡するようにしましょう。

遺産整理業務の専門家は誰か

遺産整理業務は、遺言書が残されていなかったような場合等において、相続手続きを専門家がお手伝いするもので、財産目録の作成、遺産分割協議書に基づく遺産分割手続き（不動産の登記、預貯金・株式などの名義変更や換価処分）などを行う業務です。

遺産整理業務は、法律上、弁護士（弁護士法3条）、司法書士（司法書士法29条及び司法書士法施行規則31条）、信託銀行（金融機関の信託業務の兼営等に関する法律（兼営法）1条1項）だけが、業としてすることが認められているとする解説があります。

しかし、事件性のない法律事務は弁護士法72条（非弁護士の法律事務の取扱い等の禁止）の対象外なので、任意相続財産管理業務が法律事務にわたる場合でも、事件性がない限り、その他の士業が業として行うことには制限がないと思われます（月刊日本行政：日本行政書士会連合会　平成30年6月）。

それぞれの士業は、専門分野が異なり得意分野も違うことから、士業が必要に応じて連携して取り組むことが必要と考えます。

税理士は財産目録の作成に当たっては、相続税の申告業務を通じて培った財産の把握のためのノウハウを有していて、他の士業よりも優れた結果を挙げることが期待できます。

弁護士や司法書士などは、相続法などに精通していて、相続人間や財産に生じている法律問題の解決に役立ちます。

いずれの士業が遺産整理業務に関わる場合でも、共同相続人間で遺産分割協議がスムーズに調うよう、中立的な立場から的確なアドバイスと調整役を担うことが肝要と考えます。

QUESTION 3-4

債務の相続

　私の母はすでに亡くなっており、父の相続人は一人息子の私だけです。父は口数が少なく、相続財産の多寡が定かではないのですが、以前に商売をしていたこともあり、借金（債務）を残していないかどうかが気がかりです。もし多額の債務があった場合には、相続を放棄する方法もあると耳にしたのですが、これにはどのような手続きが必要なのでしょうか。

ANSWER　ポイント

●相続があった時には、原則として相続人は被相続人の財産や債務をすべて引き継ぎますが、一定期間内に家庭裁判所に申出をすることで、相続放棄や限定承認を選択することができます。

●相続放棄や限定承認は、原則として相続開始から 3 か月以内に申出をする必要がありますが、「特別の事情がある場合」には、3 か月経過後であっても相続放棄や限定承認を選択することができます。

解 説

相続放棄とは

　相続が開始した場合、相続人は次の 3 つのうちのいずれかを選択できます。

① 単純承認	相続人が被相続人（亡くなった方）の土地の所有権等の権利や借金等の義務をすべて受け継ぐ
② 相続放棄	相続人が被相続人の権利や義務を一切受け継がない
③ 限定承認	被相続人の債務がどの程度あるか不明であり、財産が残る可能性もある場合等に、相続人が相続によって得た財産の限度で被相続人の債務の負担を受け継ぐ

相続放棄又は限定承認を選択するには

　これらのうち、相続人が相続放棄又は限定承認を選択するには、相続の開始を知った時から3か月以内（熟慮期間といいます。）に家庭裁判所に申出をしなければならないと定められています。ただし、「特別の事情がある場合」には、3か月経過後であっても相続放棄を選択することができます。

「特別の事情」とは

　相続放棄における「特別の事情」については、次のような最高裁判決（昭和59年4月27日）があります。

> 相続人が、相続の開始があったことを知った時から3か月以内に相続放棄をしなかったのが、被相続人に相続財産が全く存在しないと信じたためであり、かつ、被相続人の生活歴、被相続人と相続人との間の交際状態その他諸般の状況からみて、その相続人に対し、相続財産の有無の調査を期待することが著しく困難な事情があって、相続人において上記のように信じたことについて相当な理由があると認められるときには、相続放棄の熟慮期間は相続人が相続財産の全部または一部の存在を認識した時、または通常これを認識しうべき時から起算すべきものと解するのが相当である。

　この判決によると、相続人が相続財産の一部でも認識していた場合には、特別の事情があると認定されないことになります。しかし、預貯金の存在を知っていたが、まさかその預貯金を大きく上回る借入金があると思っていなかった場合でも、3か月経過すると相続放棄ができなくなります。そうすると、相続債権者は、意図的に相続開始から3か月経過後に相続人に請求することで、相続人による相続放棄を防ぐことができます。これでは、前述の判決の趣旨が生かされません。

　そこで、実際の家庭裁判所での運用としては、相続財産の一部の存在を知っており、明らかに熟慮期間が経過しているような事例でも、相続放棄の申出を受理しているケースもあるようです。相続開始を知ってから3か月経過後に、多額の債務の存在を知った場合には、この「特別の事情」に該当しないかどうかを検討しましょう。

第1章

3

相続人不存在・遺産整理業務

コラム

8

相続の放棄をする場合の留意点

　相続人は、自己のために相続の開始があったことを知った時から3か月以内に、相続について放棄をしなければならないと定められています(民法915①)。

　しかし、相続人が被相続人の相続財産の全部又は一部を処分したりする行為があると単純承認したものとみなされ、相続の放棄が認められません(民法921)。

　以下の行為は、単純承認をしたものとみなされてしまう可能性が高いので、相続の放棄をしようと考えている場合には行ってはいけません。

① 　預貯金の解約・払戻

② 　相続債務の支払・債権の取立て

③ 　不動産や動産の名義変更

④ 　遺産の自社株について、相続人として株主総会で権利を行使する

⑤ 　準確定申告による所得税の還付請求

⑥ 　生命保険金のうち、入院給付金や手術給付金の請求・受領

　上記のうち、相続債務の支払については、以下のような裁判の判示が参考になると思います。

① 　被相続人が亡くなった後に、相続人が相続債務を支払うことが、

民法921条1項に定める「相続財産の処分」に当たるのかどうか
については、福岡高裁の平成10年12月22日決定では、①死亡保険
金は、特段の事情のない限り、被保険者死亡時におけるその相続
人であるべき者の固有財産であるから、保険金の請求及び受領は、
相続財産の一部の処分にあたらない、②固有財産である死亡保険
金をもって行った被相続人の相続債務の一部弁済行為は、相続財
産の一部の処分にあたらないと判示しました。

② 大阪高裁の昭和54年3月22日決定では、「被相続人が死亡した
ことを所轄警察署から通知された相続人が、同署の要請により、
殆んど経済的価値のない被相続人の身回り品、僅少な所持金を引
き取り、右所持金に自己の所持金を加えて被相続人の火葬費用並
びに治療費の支払いに充てた行為をもって民法921条1号の「相
続財産の一部を処分した」ものということはできない」と判示し
ました。

③ 「預貯金等の被相続人の財産が残された場合で、相続債務があ
ることが分からないまま、遺族がこれを利用して仏壇や墓石を購
入することは自然な行動であり、また、購入した仏壇及び墓石が
社会的にみて不相当に高額のものとも断定できない上、それらの
購入費用の不足分を遺族が自己負担としていることなどからす
ると、「相続財産の処分」に当たるとは断定できない」（大阪高裁：
平成14年7月3日決定）と判示しています。

コラム

9

献体と臓器提供

献体とは

　献体とは、医学や歯学の発展のために、死後に自分の遺体を解剖学の実習用教材となることを約し、故人の意思に沿うように、遺族が大学病院の解剖学教室などに提供することをいいます。

　人体の解剖は次のような 3 種類に分かれています。

---

① 正常解剖：人体の構造を調べるための解剖
② 病理解剖：死後に病変を調べるための解剖
③ 法医解剖：変死体の死因を調べるための解剖

　遺体解剖実習への献体を希望する人々の団体には、白菊会や不老会などがあります。

〈参考〉

　公益財団法人日本篤志献体協会　http://www.kentai.or.jp/

（献体という尊い行為の趣旨を広く国民に普及し、その実態の調査・研究や、全国の献体篤志家団体の助成と活動の調和などを行い、医学の発展に貢献することを目的として設立された公益財団法人です。）

臓器提供とは

臓器提供は、脳死後や心臓が停止した死後に可能となります。平成22年7月17日に「改正臓器移植法」が全面施行され、生前に書面で臓器を提供する意思を表示している場合に加え、本人の臓器提供の意思が不明な場合でも、家族の承諾があれば臓器提供ができるようになりました。この制度によって15歳未満の方からも脳死後の臓器提供が可能になりました。

① 提供できる臓器

脳死後	心臓、肺、肝臓、腎臓、膵臓、小腸、眼球
心臓が停止した死後	腎臓、膵臓、眼球

※　なお、上記のうち、提供したくない臓器があれば、選択することも可能です。

② 臓器提供に関する意思表示の手段

臓器提供の意思表示は、健康保険証、運転免許証、マイナンバーカード、意思表示カード、インターネットによる手段で、自身の意思表示をすることができます。

意思表示欄の例（臓器提供意思表示カード）

《 1．2．3．いずれかの番号を ◯ で囲んでください。》

STEP：1
1. 私は、脳死後及び心臓が停止した死後のいずれでも、移植の為に臓器を提供します。
2. 私は、心臓が停止した死後に限り、移植の為に臓器を提供します。
3. 私は、臓器を提供しません。

STEP：2 《 1 又は 2 を選んだ方で、提供したくない臓器があれば、×をつけてください。》
【 心臓・肺・肝臓・腎臓・膵臓・小腸・眼球 】

STEP：3 〔特記欄：　　　　　　　　　　　　　　　　　　　　　〕

STEP：4 署名年月日：　　　　年　　　　月　　　　日
本人署名（自筆）：＿＿＿＿＿＿＿＿＿＿＿＿＿
家族署名（自筆）：＿＿＿＿＿＿＿＿＿＿＿＿＿

特記欄等への記載方法について

① 親族優先提供の意思表示

　次の３つの要件を満たす場合は、親族への優先提供が行われます。

■ 本人（15歳以上）が臓器を提供する意思表示に併せて、親族への
　優先提供の意思を書面により表示している。

■ 臓器提供の際、親族（配偶者※1、子※2、父母※2）が移植希望登録をし
　ている。
　※1　婚姻届を出している方です。事実婚の方は含みません。
　※2　実の親子のほか、特別養子縁組による養子及び養父母を含みます。

■ 医学的な条件（適合条件）を満たしている。

② 皮膚、心臓弁、血管、骨などの組織も提供してもよい方は、「すべて」
　あるいは、「皮膚」「心臓弁」「血管」「骨」などと記入できます。

（出典：公益社団法人日本臓器移植ネットワークホームページ）

コラム

10

尊厳死（リビング・ウイル）

「尊厳死」とは、一般的に「回復の見込みのない末期状態の患者に対して、生命維持治療を差し控え又は中止し、人間としての尊厳を保たせつつ、死を迎えさせることをいう。」と解されています。近時、我が国の医学界などでも、尊厳死の考え方を積極的に容認するようになり、また、過剰な末期治療を施されることによって近親者に物心両面から多大な負担を強いるのではないかという懸念から、自らの考えで尊厳死に関する公正証書作成を嘱託する人も出てくるようになってきました。

また、過剰な延命治療を打ち切って、自然の死を迎えることを望む人が多くなってきて、事実実験の一種として、「尊厳死宣言公正証書」が作成されるようになってきました。「尊厳死宣言公正証書」とは、嘱託人が自らの考えで尊厳死を望む、すなわち延命措置を差し控え、中止する旨等の宣言をし、公証人がこれを聴取する事実実験をしてその結果を公正証書にするものです。

公益財団法人日本尊厳死協会では、治る見込みのない病態に陥り、死期が迫ったときに延命治療※を断る「リビング・ウイル」（終末期医療における事前指示書）を登録管理しています。会員になると、日本尊厳死協会発行の会員証とリビング・ウイルの原本証明付コピーが送付

されます。これを医療機関や医師に提示すれば、意思が受け入れられやすくなります。

※ 回復の見込みがないと診断された患者で、かつ死期が近づいているにもかかわらず、人工呼吸器や透析、胃ろうなどによって生命を維持するための治療（延命措置）です。しかし、痛みや呼吸の苦しさを緩和するための医療行為は必要です。これらの緩和医療は積極的に行ってもらうことが、安らかな最後を迎えるための必須の条件だとも考えられます。

　公益財団法人日本尊厳死協会によるリビング・ウイルの定義は、「人生の最終段階（終末期）を迎えたときの医療の選択について事前に意思表示しておく文書」です。

　治療や延命のために、回復の見込みがなくてもチューブや機械につないでの治療は拒むのであって、一時的に生命維持が困難になった患者の回復を目的とする「救命」を拒むものではありません。

　もしもの時、どのような医療を望むか、望まないかは本人自身が決めることです。これは憲法に保障されている基本的人権の根幹である自己決定権に基づいています。

■ 公益財団法人日本尊厳死協会ホームページより

リビング・ウイルの作成方法
　終末期の様々な状態と措置について、当協会や厚労省の資料などから適切な情報提供を受け、内容をよく理解した上で、最善と思う選択をしていただきます。

（2017 年 7 月改訂版）

リビング・ウイル ‐ Living Will

‐ 終末期医療における事前指示書 ‐

協会記入欄	
登録番号	
登録日	

　この指示書は、私の精神が健全な状態にある時に私自身の考えで書いたものであります。

　したがって、私の精神が健全な状態にある時に私自身が破棄するか、または撤回する旨の文書を作成しない限り有効であります。

　□ 私の傷病が、現代の医学では不治の状態であり、既に死が迫っていると診断された場合には、ただ単に死期を引き延ばすためだけの延命措置はお断りいたします。

　□ ただしこの場合、私の苦痛を和らげるためには、麻薬などの適切な使用により十分な緩和医療を行ってください。

　□ 私が回復不能な遷延性意識障害（持続的植物状態）に陥った時は生命維持措置を取りやめてください。

　以上、私の要望を忠実に果たしてくださった方々に深く感謝申し上げるとともに、その方々が私の要望に従ってくださった行為一切の責任は私自身にあることを付記いたします。

枠内は必ずお書きください	申込日	年　月　日
フリガナ 氏　名 （自　署）	男・女	年　月　日生
住　所　□□□-□□□□	TEL　－　－ 携帯　－　－	

メールアドレス　　　　　　　　　　@

私が自分で、この指示書に署名したことを、以下の方が証明しました。

氏名　　　　　　私との関係（　　）連絡先

私が自分で自分の意思を正常に伝えられない状態に陥った時は、以下の方に私の意思を確認してください。

氏名　　　　　　私との関係（　　）連絡先

〒113-0033　東京都文京区本郷 2-27-8　太陽館ビル 501
公益財団法人　日本尊厳死協会　（Tel.　03-3818-6563）

リビング・ウイル作成にはかかりつけ医や医療チーム、訓練を受けたアドバイザーから十分な説明を受け、ご家族を含めた話し合いを繰り返し、よりよい選択をすることを推奨します。この相談過程をアドバンス・ケア・プランニング（Advance Care Planning：ACP）と言い、現在、リビング・ウイル作成に望ましい形とされています。

人生の最終段階（終末期）とは：

かつては終末期という表現をしていましたが、人生の最終段階には、がんの末期のように、予後が数日から長くとも2〜3か月と予測が出来る場合、慢性疾患の急性増悪を繰り返し予後不良に陥る場合、脳血管疾患の後遺症や老衰など数か月から数年にかけ死を迎える場合があります。どのような状態が人生の最終段階かは、患者の状態を踏まえて、医療・ケアチームの適切かつ妥当な判断によるべき事柄です。（厚労省「人生の最終段階における医療の決定プロセスに関するガイドライン」より引用。）

認知症については、生命予後が極めて悪くなるような身体症状の出現をもって末期と考えます。

生命維持に対する措置とは：

人工呼吸器装着、中心静脈管や胃管などを通した人工栄養補給、水分補給、腎臓透析、化学療法、抗生物質投与、輸血など。

（出典：公益財団法人日本尊厳死協会ホームページ）

コラム
11

高齢単身者と葬儀

　近年は親族以外の方を呼ばない「家族葬」という形式での葬儀が増加しつつあります。

　また、高齢単身者の場合には、通夜も告別式もない簡素な葬儀形式として、火葬だけの「直葬」も増加しつつあります。ただし、直葬の場合のデメリットとして宗教的な儀式が一切行われませんので、特定の宗教に入っていて、宗教的な儀式をお考えの方に直葬は不向きです。

　もし希望する形式の葬儀があるのであれば、事前に葬儀社と打ち合わせされたり、任意後見人などの方に意思を伝えておくとよいでしょう。

第2章

高齢単身者の税金対策

1 | 相続税の現状

QUESTION 1-1

相続税の課税の現状

　亡くなった方のうち、相続税がかかる方の割合はどのくらいなのでしょうか。また、相続税の税務調査は、どの程度の財産を残した方が対象とされているのでしょうか。

ANSWER ポイント

● 死亡者数に占める相続税がかかる人の割合は、平成30年分においては8.53%となっています。

● 1件当たりの平均値では、法定相続人数は2.22人、課税価格は13,955万円、納付税額は1,812万円となっています。

● 課税価格3億円超の相続税申告については、税務調査の対象になる可能性が高いと考えられます。

解説

相続税の納税者は25万人超

　平成30年中の死亡者数に占める相続税の被相続人の割合は、次の表のとおり、相続税の申告書の提出に係る被相続人数116,341人に対して、被相続人数（死亡者数）が1,362,470人となり、現在8.53%（課税割合）となっています。

　相続税の納税者である相続人数は258,498人、課税価格は162,360億円、納付税額は21,087億円となっています。

■ 相続税申告書1件当たりの平均値

法定相続人数	2.22人	※258,498人÷116,341件
課税価格	13,955万円	※162,360億円÷116,341件
納付税額	1,812万円	※21,087億円÷116,341件

税理士１人あたり年間1.47件

　相続税の申告件数116,341件に対して、税理士の登録者数が78,661人（日本税理士会連合会調べ・令和２年６月末日現在）ですので、116,341件÷78,661人≒1.47件となり、平均的には１人の税理士が相続税の申告業務に関与する割合は、ほぼ１年に１回程度となっています。

■ 相続税の申告事績（平成29年分及び平成30年分）

項　目 \ 年 分 等		平成29年分 (注1)	平成30年分 (注2)	対前年比
①	被相続人数（死亡者数）(注3)	人 1,340,397	人 1,362,470	% 101.6
②	相続税の申告書の提出に係る被相続人数	外 32,153 111,728	外 33,140 116,341	外 103.1 104.1
③	課税割合（②／①）	% 8.3	% 8.5	ポイント 0.2
④	相続税の納税者である相続人数	人 249,576	人 258,498	% 103.6
⑤	課税価格 (注4)	億円 外 16,535 155,884	億円 外 17,362 162,360	% 外 105.0 104.2
⑥	税額	億円 20,185	億円 21,087	% 104.5
⑦	被相続人１人当たり 課税価格（⑤／②）(注4)	万円 外 5,143 13,952	万円 外 5,239 13,956	% 外 101.9 100.0
⑧	被相続人１人当たり 税額（⑥／②）	万円 1,807	万円 1,813	% 100.3

（注）1　平成29年分は、平成30年10月31日までに提出された申告書（修正申告書を除く。）データに基づき作成している。
　　　2　平成30年分は、令和元年10月31日までに提出された申告書（修正申告書を除く。）データに基づき作成している。
　　　3　「被相続人数（死亡者数）」は、厚生労働省政策統括官（統計・情報政策担当）「人口動態統計」のデータに基づく。
　　　4　「課税価格」は、相続財産額に相続時精算課税適用財産額を加え、被相続人の債務・葬式費用を控除し、さらに相続開始前３年以内の被相続人から相続人等への生前贈与財産額を加えたものである。
　　　5　各年分とも、本書は相続税額のある申告書に係る計数を示し、外書は相続税額のない申告書に係る計数を示す。

（出典：「平成30年分　相続税の申告の事績」(国税庁)）

課税価格 3 億円超は8,239件

　相続税の全申告件数116,341件のうち、課税価格 3 億円超の件数は次の表のとおり、8,239件※となっています。相続税の税務調査の件数が毎年12,000件ほどですので、課税価格が3億円超の申告については、税務調査の対象になる可能性が高いと予想されます。

※　8,239件＝4,915件＋1,508件＋870件＋702件＋132件＋66件＋16件＋18件＋12件

　なお、相続税の全申告件数のうち、課税価格 3 億円以下の被相続人の割合は92.9％（≒（11,083人＋58,950人＋30,199人＋7,870人）÷116,341人）となり、課税価格 2 億円以下の被相続人の割合は86.1％（≒（11,083人＋58,950人＋30,199人）÷116,341人）と高い割合となっています。

■ 課税価格等級別の相続税の課税状況（平成30年分）

国税局	課税状況 課税価格階級													
	5千万円以下	5千万円超	1億円超	2億円超	3億円超	5億円超	7億円超	10億円超	20億円超	30億円超	50億円超	70億円超	100億円超	合計
札　幌	314	1,434	659	165	94	39	17	11	1	—	—	—	—	2,734
仙　台	498	2,602	1,269	264	157	32	25	6	—	1	—	—	—	4,854
関東信越	1,466	8,452	3,855	955	607	177	99	74	12	7	1	2	-	15,707
東　京	3,626	17,372	9,589	2,716	1,858	663	419	389	83	42	12	9	4	36,782
金　沢	231	1,438	651	134	87	30	9	8	—	1	—	—	—	2,589
名 古 屋	1,458	8,959	4,712	1,258	740	159	101	66	14	7	—	4	2	17,480
大　阪	1,773	9,367	5,054	1,373	909	286	129	106	12	6	1	2	3	19,021
広　島	660	3,336	1,548	325	132	35	14	12	1	2	2	—	1	6,068
高　松	333	1,868	859	197	86	25	11	4	3	—	—	1	1	3,388
福　岡	403	2,248	1,036	247	123	36	24	14	—	—	—	—	1	4,134
熊　本	288	1,570	692	155	74	17	12	8	1	—	—	—	—	2,817
沖　縄	33	304	275	81	48	9	10	4	3	—	—	—	—	767
合　計	11,083	58,950	30,199	7,870	4,915	1,508	870	702	132	66	16	18	12	116,341

（出典：「平成30年度版　国税庁統計年報」）

QUESTION 1-2

相続税の課税のしくみ

　相続税の課税対象となる財産とは、どのような範囲とされているのでしょうか。また、その財産に課税される相続税の計算方法は、どのようなしくみとなっているのでしょうか。

ANSWER ポイント

- ●相続税の課税対象となる財産は、正味の遺産額から基礎控除額（3,000万円＋法定相続人数×600万円）を差し引いた課税遺産総額とされています。
- ●課税遺産総額を法定相続分どおりに取得したものと仮定して、各法定相続人の税額を計算します。その総額を実際に財産を取得した割合であん分し、各人の納付税額を計算します。

解説

　相続税は、個人が被相続人（亡くなられた方）から相続や遺贈などで財産を取得した場合に、その取得した財産に課される税金です。

　相続税の課税対象となる財産は、正味の遺産額から基礎控除額（3,000万円＋法定相続人数×600万円）を差し引いた課税遺産総額とされています。

「遺産に係る基礎控除額」	＝	3,000万円 ＋ （600万円×法定相続人の数※）

※　「法定相続人の数」は、相続人のうち相続の放棄をした人があっても、その放棄がなかったものとした場合の相続人の数をいいますが、被相続人に養子がいる場合に法定相続人の数に含める養子の数は、実子がいるときは1人（実子がいないときは2人）までとなります。

○ 「相続人」とは
　民法では、相続人の範囲と順位について次のとおり定めています。
　1　被相続人の配偶者は、常に相続人となります。
　2　次の人は、次の順序で配偶者とともに相続人となります。
　【第1順位】被相続人の子（子が被相続人の相続開始以前に死亡しているときなどは、孫（直系卑属）が相続人となります。）
　【第2順位】被相続人に子や孫（直系卑属）がいないときは、被相続人の父母（父母が被相続人の相続開始以前に死亡しているときなどは、被相続人の祖父母（直系尊属）が相続人となります。）
　【第3順位】被相続人に子や孫（直系卑属）もいないときは、被相続人の兄弟姉妹（兄弟姉妹が被相続人の相続開始以前に死亡しているときなどは、被相続人のおい、めい（兄弟姉妹の子）が相続人となります。）

```
                          父母
                        （第2順位）        常に相続人
                          │                    ↓
兄弟姉妹 ──── 被相続人 ──── 配偶者
（第3順位）    （亡くなられた人）
                          │
                          子
                        （第1順位）
```

（出典：国税庁「相続税のあらまし」）

■ 相続税の課税対象となる課税遺産総額の計算方法

①　相続や遺贈によって取得した財産（遺産総額）の価額と、相続時精算課税の適用を受ける財産の価額を合計します。

②　①から債務、葬式費用、非課税財産を差し引いて、遺産額を算出します。

③　遺産額に相続開始前3年以内の暦年課税に係る贈与財産の価額を加算して、正味の遺産額を算出します。

④　③から基礎控除額を差し引いて、課税遺産総額を算出します。

※　正味の遺産額が基礎控除額を超えない場合には、相続税はかかりません。

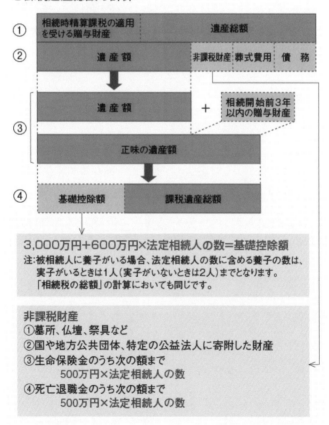

◎課税遺産総額の計算

3,000万円＋600万円×法定相続人の数＝基礎控除額
注：被相続人に養子がいる場合、法定相続人の数に含める養子の数は、
　　実子がいるときは1人（実子がいないときは2人）までとなります。
　　「相続税の総額」の計算においても同じです。

非課税財産
①墓所、仏壇、祭具など
②国や地方公共団体、特定の公益法人に寄附した財産
③生命保険金のうち次の額まで
　　　500万円×法定相続人の数
④死亡退職金のうち次の額まで
　　　500万円×法定相続人の数

（出典：国税庁パンフレット「暮らしの税情報」（財産を相続したとき））

■ 相続税の計算方法

① 課税遺産総額を法定相続分どおりに取得したものと仮定して、それに税率を適用して各法定相続人別に税額を計算します。

② ①の税額を合計したものが相続税の総額です。

③ ②の相続税の総額を、各相続人、受遺者及び相続時精算課税を適用した人が実際に取得した正味の遺産額の割合に応じてあん分します。

④ ③から配偶者の税額軽減のほか、各種の税額控除を差し引いて、実際に収める税額を計算します。

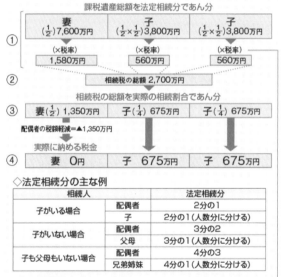

◎相続税の計算例

正味の遺産額が2億円で、妻と子2人が法定相続分どおりに相続した場合

【正味の遺産額】 【基礎控除額】 【課税遺産総額】
2億円－(3,000万円＋600万円×3)＝1億5,200万円

課税遺産総額を法定相続分であん分

① 妻 (½) 7,600万円 ／ 子 (½×½) 3,800万円 ／ 子 (½×½) 3,800万円

(×税率) 1,580万円 ／ (×税率) 560万円 ／ (×税率) 560万円

② 相続税の総額 2,700万円

相続税の総額を実際の相続割合であん分

③ 妻 (½) 1,350万円 ／ 子 (¼) 675万円 ／ 子 (¼) 675万円

配偶者の税額軽減＝▲1,350万円

実際に納める税金

④ 妻 0円 ／ 子 675万円 ／ 子 675万円

◇法定相続分の主な例

相続人		法定相続分
子がいる場合	配偶者	2分の1
	子	2分の1(人数分に分ける)
子がいない場合	配偶者	3分の2
	父母	3分の1(人数分に分ける)
子も父母もいない場合	配偶者	4分の3
	兄弟姉妹	4分の1(人数分に分ける)

◇相続税の速算表

法定相続分に応ずる取得金額		税率	控除額
	1,000万円以下	10%	－
1,000万円超	～3,000万円以下	15%	50万円
3,000万円超	～5,000万円以下	20%	200万円
5,000万円超	～1億円以下	30%	700万円
1億円超	～2億円以下	40%	1,700万円
2億円超	～3億円以下	45%	2,700万円
3億円超	～6億円以下	50%	4,200万円
6億円超	～	55%	7,200万円

(出典：国税庁パンフレット「暮らしの税情報」(財産を相続したとき))

コラム

12

永代供養料は葬式費用に該当するのか

　葬式費用として控除する金額については、葬式の前後に生じた出費で通常葬儀に伴うものと認められる（相基通13－4(3)）一方、法会に要する費用は、死者を葬る儀式である葬式とは異なり、死者の追善供養のために営まれるものであることから、葬式費用として取り扱わないこととされています（相基通13－5(3)）。

　そのため、永代供養料は葬式費用に該当しないことになります。

　永代供養とは、寺院や霊園が遺骨を預かり、供養や管理を行う供養方法であり、毎年の忌日や彼岸などに故人の供養をしてもらうために寺に納めておく金員である永代供養料は、死者を葬る儀式について支出する葬式費用とはその性格を異にします。

　また、死者の追善供養のために営まれる法会に要する費用を葬式費用として取り扱わない（相基通13－5(3)）としていることに照らしても、永代供養料は葬式費用に当たらないと考えられます。

　以上のことから、終活を考える場合、生前に永代供養料をお寺に支払っておくことで相続税の負担を軽減させることになります。

（葬式費用）

13－4　法第13条第１項の規定により葬式費用として控除する金額は、次に掲げる金額の範囲内のものとする。(昭57直資２－177改正)

⑴　葬式若しくは葬送に際し、又はこれらの前において、埋葬、火葬、納骨又は遺がい若しくは遺骨の回送その他に要した費用(仮葬式と本葬式とを行うものにあっては、その両者の費用)

⑵　葬式に際し、施与した金品で、被相続人の職業、財産その他の事情に照らして相当程度と認められるものに要した費用

⑶　⑴又は⑵に掲げるもののほか、葬式の前後に生じた出費で通常葬式に伴うものと認められるもの

⑷　死体の捜索又は死体若しくは遺骨の運搬に要した費用

（葬式費用でないもの）

13－5　次に掲げるような費用は、葬式費用として取り扱わないものとする。(昭和57直資２－177改正)

⑴　香典返戻費用

⑵　墓碑及び墓地の買入費並びに墓地の借入料

⑶　法会に要する費用

⑷　医学上又は裁判上の特別の処置に要した費用

コラム

13

相続税における「相続開始の時」とは

相続の開始の時の判断は、課税関係の判断自体に影響しますが、相続税法に特別の規定がないことから、次にように民法の規定によって判断することになります。

⑴ 自然的死亡

相続は、死亡によって開始する（民法882条）と規定しています。

この死亡は医学的な死亡であり、一般には、戸籍に記載されたところの相続の開始の日で確認しますが、当該記載において、死亡の年・月・日・時が不明の場合においては、次によるものと解されます（有斐閣発行「新版注釈民法(26)相続(1)」69ページを参照したもの。）。

---

① 年月日が明らかであり、推定時間に幅がある場合
　例：午前 8 時から午後10時➡最後の推定時刻（午後10時）となる。

② 年月が明らかで推定日に幅がある場合
　例：12月 1 日から10日の間➡最後の推定日の終日（10日）となる。

③ 推定月までしか知り得ない場合
　例：12月➡推定月の末日（12月31日）となる。

④ 年が明らかで推定月に幅がある場合
　例： 1 月から 6 月の間➡最後の月の末日（ 6 月30日）となる。

⑤ 推定年までしか知り得ない場合
　例：令和元年➡その年の最終日（令和元年12月31日）となる。

---

⑥　年に幅がある場合

　　　例：令和元年から令和2年の間➡最後の年の末日（令和2年12月31日）となる。

②　擬制的死亡（失踪宣告）

　生死不明の不在者は、失踪宣告により死亡したものとみなされ、その死亡とみなされる時は、普通失踪と特別失踪の別に、それぞれ次表に記載のとおりです。

区分	死亡とみなされる時 （民法31条）	宣告できる場合 （民法30条）
普通失踪	生死不明の期間が7年を満了した時	生死が7年間明らかでないとき
特別失踪	その危難が去った時	死亡の原因となるべき危難に遭遇した者の生死が、危難が去った後1年間明らかでないとき

（3）認定死亡（死亡報告）

　戸籍法89条は、「水難、火災その他の事変によって死亡した者がある場合には、その取調をした官庁又は公署は、死亡地の市町村長に死亡の報告を」すべき旨を規定しており、死亡が確実と認められる場合に死体が確認できない場合にあっても、「その取調をした官庁又は公署」の報告により、戸籍上の死亡が記載され（戸籍法91条）、死亡の推定を受けるものとなります。

（4）相続の開始があったことを知った日

①　相続税法27条に規定する日

　相続税法27条《相続税の申告書》1項に規定する相続税の申告期

第2章

1

相続税の現状

限の基準となる「相続の開始があったことを知った日」については、相基通27－4《「相続の開始があったことを知った日」の意義》に列挙されているとおり、相続財産を取得する原因となる自己のために相続の開始があったことを知った日（法定代理人において知った日を含みます。）をいうものと解されています。

　したがって、相続財産の具体的な把握状況（把握の程度）は、相続税の申告期限を判断する上では基準とならず、当該財産の多寡によって生じる相続税額について無申告加算税の正当理由の有無の基準となるものに過ぎないこととなります（仙台地裁昭和62年6月29日判決及び大阪高裁平成5年11月19日判決参照）。

　これに対し、民法915条《相続の承認又は放棄をすべき期間》1項に規定する「自己のために相続の開始があったことを知った時」の判断においては、次の②に記載のとおり、「相続財産の認識」も基準の一つとされています。

※　相基通27－4《「相続の開始があったことを知った日」の意義》
　法第27条第1項及び第2項に規定する「相続の開始があつたことを知った日」とは、自己のために相続の開始があつたことを知った日をいうのであるが、次に掲げる者については、次に掲げる日をいうものとして取り扱うものとする。
　なお、当該相続に係る被相続人を特定贈与者とする相続時精算課税適用者に係る「相続の開始があつたことを知った日」とは、次に掲げる日にかかわらず、当該特定贈与者が死亡したこと又は当該特定贈与者について民法第30条《失踪の宣告》の規定による失踪の宣告に関する審判の確定のあったことを知った日となるのであるから留意する。
⑴　民法第30条及び第31条の規定により失踪の宣告を受け死亡したものとみなされた者の相続人又は受贈者　これらの者が当該失踪の宣告に関する審判の確定のあったことを知った日
⑵　相続開始後において当該相続に係る相続人となるべき者について民法第30条の規定による失踪の宣告があり、その死亡したものとみなされた日が当該相続開始前であることにより相続人となった者　その者が当該失踪の宣告に関する審判の確定のあったことを知った日
⑶　民法第32条《失踪の宣告の取消し》第1項の規定による失踪宣告の取消しがあったことにより相続開始後において相続人となった者　その者が当該失踪の宣告の取消

しに関する審判の確定のあったことを知った日

⑷　民法第787条《認知の訴え》の規定による認知に関する裁判又は同法第894条第2項の規定による相続人の廃除の取消しに関する裁判の確定により相続開始後において相続人となった者　その者が当該裁判の確定を知った日

⑸　民法第892条又は第893条の規定による相続人の廃除に関する裁判の確定により相続開始後において相続人になった者　その者が当該裁判の確定を知った日

⑹　民法第886条の規定により、相続について既に生まれたものとみなされる胎児　法定代理人がその胎児の生まれたことを知った日

⑺　相続開始の事実を知ることのできる弁識能力のない幼児等　法定代理人がその相続の開始のあったことを知った日（相続開始の時に法定代理人がないときは、後見人の選任された日）

⑻　遺贈（被相続人から相続人に対する遺贈を除く。⑼において同じ。）によって財産を取得した者　自己のために当該遺贈のあったことを知った日

⑼　停止条件付の遺贈によって財産を取得した者　当該条件が成就した日

（注）これらの場合において、相続又は遺贈により取得した財産の相続税の課税価格に算入すべき価額は、相続開始の時における価額によるのであるから留意する。

（※1）仙台地裁昭和63年6月29日判決

　納税者が相続の事実自体を知る以上、相続財産の内容を自ら調査して申告をし、具体的な租税義務を確定させることが要求され、結果としてこれができなかった場合には、正当な理由があると認められる場合を除き、行政上の制裁である無申告加算税を賦課されることもやむを得ないところである。してみると、法定申告期限の起算点について納税者の相続財産の具体的把握状況にかからしめることは相当ではなく、自己に相続の開始がありかつ相続税法27条1項にいう相続財産があることを知った日を指すものと解すべきである。

（※2）大阪高裁平成5年11月19日判決

　「納税者に相続財産の一部が判明し、それが基礎控除額を超えて申告すべき場合には、判明した分についてとりあえず申告をしたならば、その者に対し、全相続財産についての無申告加算税を課さないこととする一方、右の判明した分さえ申告しない者に対しては、残余の相続財産についての事情の如何を問わず、全相続財産を基にした「納付すべき税額」に所定の率を乗じた金額の制裁を課すこととしているのであって、これにより、無申告という事態を防止するための実効性をあげ、一部分だけでも期限内に誠実な納税申告書を提出するよう国民に促すとともに、その納税義務の適正かつ円滑な履行を確保し、健全な申告秩序の形成を図ろうとしているものである。」

② 民法915条に規定する日

民法第915条第1項に規定する「自己のために相続の開始があったことを知った時」については、

① 相続人が相続開始の原因となる事実及び

② これにより自己が法律上相続人となった事実を知り、

③ 相続人が相続財産の全部若しくは一部の存在を認識した時又は通常これを認識しうべかりし時から起算するとの判断（大阪高裁平成14年7月3日決定）があるように、必ずしも形式的な要件のみによるものではないため、相続開始後3月を経過しているからといって、必ずしも単純承認があったものとは限らない。

このように、民法第915条は、上記③の点において、相続財産の取得原因が生じたことをいう相法第27条第1項の「相続の開始があったことを知った日」と異なる。

（出典：東京国税局「資産税審理研修資料」平成20年8月）

2 | 高齢単身者の相続税・所得税対策

QUESTION 2-1

相続人が被後見人である場合の障害者控除

　私の兄は未婚で子もいません。両親もすでに他界しているため、弟の私が法定相続人となります。私自身、高齢で自分の行動に最近、自信がないため、成年後見制度の適用を受けています。兄の相続が発生した場合、相続税の申告で注意すべき点はありますか。

ANSWER ポイント

●相続人が被後見人である場合は、障害者控除が適用できる可能性があります。

●認知症など意思無能力者が税務申告する場合、期限内に申告できなければ、加算税や延滞税などのペナルティが発生することになります。

●意思無能力者の代わりに、その親族などが申告した場合でも、適法な申告として取り扱われます。

解 説

相続税の障害者控除とは

　相続税の障害者控除は、相続又は遺贈により財産を取得した者が、日本国内に住所を有する者で相続人(相続の放棄があった場合には、その放棄がなかったものとした場合の相続人)に該当し、かつ、障害者である場合には、10万円(特別障害者である場合には20万円)にその相続開始時からその者が85歳に達するまでの年数(その年数が1年未満であるとき又は1年未満の端数があるときは、これを1年とします。)を乗じて算出した金額を、その者の相続税額から控除するものです(相法19の4①)。

> 10万円(又は20万円)×(85歳 - 相続開始時の年齢)=控除額

被後見人への相続

配偶者・子はいない

被相続人（兄）　相続　相続財産　障害者控除？　相続人（弟）

被後見人

成年被後見人は障害者控除の対象となるのか

相続税の障害者控除の対象となる障害者について、相続税法19条の4第2項は、障害者とは、精神上の障害により事理を弁識する能力を欠く常況にある者で、政令で定めるものをいい、特別障害者とは、障害者のうち精神又は身体に重度の障害があるもので、政令で定めるものをいうと規定しています。

成年後見制度における成年被後見人が、所得税法施行令10条2項1号に規定する「精神上の障害により事理を弁識する能力を欠く常況にある者」に該当し、所得税法上の障害者控除の対象となる特別障害者に該当する、とされていることからすれば、成年被後見人は、相続税法施行令4条の4第2項1号の規定により、相続税法上の障害者控除の対象となる特別障害者に該当すると考えられます（東京国税局文書回答事例：平成26年3月14日）。

Advice プロからのアドバイス

意思無能力者の税務申告

　意思無能力者の税務申告については、確定申告を期限内に行わなければ、延滞税や無申告加算税が課税されてしまうため、仮に意思無能力者の意思に基づかず親族などによって確定申告が行われたとしても、法的には事務管理（民法697条）として正当化され、適法な申告として取り扱われているようです。

民法697条（事務管理）

　義務なく他人のために事務の管理を始めた者（以下この章において「管理者」という。）は、その事務の性質に従い、最も本人の利益に適合する方法によって、その事務の管理（以下「事務管理」という。）をしなければならない。

2　管理者は、本人の意思を知っているとき、又はこれを推知することができるときは、その意思に従って事務管理をしなければならない。

QUESTION 2-2

現金や土地の寄附が寄附金控除の対象となる場合

　私は、菩提寺の改築工事のために現金を寄附をしましたが、この寄附金は所得税の寄附金控除の対象になるのでしょうか。また、所有している土地を国や地方公共団体に寄附しようと考えていますが、注意すべき点はありますか。

ANSWER ポイント

● その菩提寺が、財務大臣の指定を受けた寺で、特定寄附金に該当する場合は、所得税の寄附金控除の対象となります。

● 国や地方公共団体に寄附した場合は、その贈与はなかったものとみなされて、所得税は非課税となります。

● 国や地方公共団体に土地などを贈与した場合、その土地などの取得費相当額が特定寄附金として所得税の寄附金控除の対象となります。

● その年の特定寄附金の合計額から2,000円を差し引いた額が寄附金控除額となります（総所得金額等の40％が上限となります。）。

解説

所得控除の対象となる「特定寄附金」とは

　納税者が国や地方公共団体、特定公益増進法人などに対し、「特定寄附金」を支出した場合には、所得控除を受けることができます。これを寄附金控除といいます。なお、政治活動に関する寄附金、認定NPO法人等に対する寄附金及び公益社団法人等に対する寄附金のうち一定のものについては、所得控除に代えて、税額控除を選択することができます。

　特定寄附金とは、次のいずれかに当てはまるものをいいます。ただし、学校の入学に関してするもの、寄附をした人に特別の利益が及ぶと認められるもの及び政治資金規正法に違反するものなどは、特定寄附金に該当しません。

現金や土地の寄附と所得税

菩提寺、国、地方公共団体等

所有者 → 所有 → 現金・土地 → 寄附

⑴　国、地方公共団体に対する寄附金（寄附をした人に特別の利益が及ぶと認められるものを除きます。）

⑵　公益社団法人、公益財団法人その他公益を目的とする事業を行う法人又は団体に対する寄附金のうち、次に掲げる要件を満たすと認められるものとして、財務大臣が指定したもの

　　イ　広く一般に募集されること

　　ロ　教育又は科学の振興、文化の向上、社会福祉への貢献その他公益の増進に寄与するための支出で緊急を要するものに充てられることが確実であること

⑶　所得税法別表第一に掲げる法人その他特別の法律により設立された法人のうち、教育又は科学の振興、文化の向上、社会福祉への貢献その他公益の増進に著しく寄与するものとして、所得税法施行令217条で定めるものに対する当該法人の主たる目的である業務に関連する寄附金（⑴及び⑵に該当するものを除きます。）

⑷　特定公益信託のうち、その目的が教育又は科学の振興、文化の向上、社会福祉への貢献その他公益の増進に著しく寄与する一定のものの信託財産とするために支出した金銭

⑸　政治活動に関する寄附金のうち、一定のもの（寄附をした人に特別の利益が及ぶと認められるもの及び政治資金規正法に違反するものを除きます。）

⑹　認定特定非営利法人等（いわゆる認定NPO法人等）に対する寄附金のうち、一定のもの（寄附をした人に特別の利益が及ぶと認められるものを除きます。）

⑺　特定新規中小会社により発行される特定新規株式を払込みにより取得した場合の特定新規株式の取得に要した金額のうち一定の金額（1,000万円を限度とします。）

なお、所得税法施行令217条で定めるものとは、次の法人をいいます。

イ　独立行政法人

ロ　地方独立行政法人のうち、一定の業務を主たる目的とするもの

ハ　自動車安全運転センター、日本司法支援センター、日本私立学校振興・共済事業団及び
　　日本赤十字社

ニ　公益社団法人及び公益財団法人

ホ　私立学校法 3 条に規定する学校法人で学校の設置若しくは学校及び専修学校若しく
　　は各種学校の設置を主たる目的とするもの又は私立学校法64条 4 項の規定により設立
　　された法人で専修学校若しくは各種学校の設置を主たる目的とするもの

ヘ　社会福祉法人

ト　更生保護法人

国又は地方公共団体への土地の寄附

　譲渡所得や山林所得又は雑所得の基因となる資産を、法人に贈与した場合は、その贈与のときの時価で資産の譲渡があったものとして譲渡所得等が生ずることとされていますが、国又は地方公共団体等にこれらの資産を贈与した場合は、その贈与はなかったものとみなされて譲渡所得等が非課税となります。

　また、この場合、贈与した土地の取得費（その土地を贈与するために支出した金額がある場合はその金額を含みます。）に相当する金額が特定寄附金の額になり、所得税の寄附金控除の対象となります。

寄附金控除額の計算方法

寄附金控除額は以下のように計算されます。

次のいずれか低い金額 − 2,000円 ＝ 寄附金控除額

イ　その年に支出した特定寄附金の額の合計額

ロ　その年の総所得金額等の40％相当額

なお、「総所得金額等」とは、純損失、雑損失、その他各種損失の繰越控除後の総所得金額、特別控除前の分離課税の長（短）期譲渡所得の金額、株式等に係る譲渡所得等の金額、上場株式等に係る配当所得の金額、先物取引に係る雑所得等の金額、山林所得金額及び退職所得金額の合計額をいいます。

QUESTION 2-3

相続で取得した不動産や金銭を寄附した場合

　私は、父から相続によって取得した土地や金銭を、国や地方公共団体に寄附しようと考えていますが、この寄附した土地や金銭は相続税の対象になるのでしょうか。

ANSWER ポイント

●相続や遺贈によって取得した財産を、国、地方公共団体や特定の公益を目的とする事業を行う特定法人などに寄附した場合、一定の要件を満たせば、その寄附した財産や支出した金銭は相続税の対象としない特例があります。

●相続や遺贈によって取得した金銭を、一定の信託財産とするために支出をした場合、その支出した金銭は相続税の対象としない特例があります。

解説

相続した財産を寄附した場合は、相続税がかからない特例がある

　国、地方公共団体又は特定の公益を目的とする事業を行う特定の法人などに寄附をした場合、その寄附をした財産や支出した金銭は相続税の対象としない特例があります（措法70条①）。この特例を受けるには、次の要件すべてに当てはまることが必要です。

⑴　寄附した財産は、相続や遺贈によって取得した財産であること（相続や遺贈で取得したとみなされる生命保険金や退職手当金も含まれます。）。

⑵　相続財産を相続税の申告書の提出期限までに寄附すること。

⑶　寄附した先が国や地方公共団体又は教育や科学の振興などに貢献することが著しいと認められる特定の公益を目的とする事業を行う特定の法人（以下「特定の公益法人」といいます。）であること。

（注）　特定の公益法人の範囲は独立行政法人や社会福祉法人などに限定されており、寄附の時点で既に設立されているものでなければなりません。

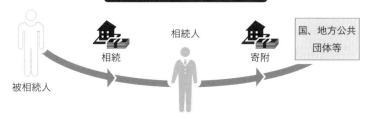

相続で取得した不動産や金銭の寄附

相続人

相続　　　　　　　寄附

被相続人　　　　　　　　　　　　　　　　　国、地方公共
団体等

特定公益信託に支出した場合は、相続税がかからない特例がある

　相続や遺贈によって取得した金銭を「特定公益信託」（公益信託ニ関スル法律1条）の信託財産とするために支出をした場合、その支出した金銭は相続税の対象としない特例があります。この特例を受けるには、次の要件すべてに当てはまることが必要です。

⑴　支出した金銭は相続や遺贈で取得したものであること（相続や遺贈で取得したとみなされる生命保険金や退職手当金も含まれます。）。

⑵　その金銭を相続税の申告書の提出期限までに支出すること。

⑶　その公益信託が教育や科学の振興などに貢献することが著しいと認められる一定のものであること。

公益信託ニ関スル法律
一条　信託法（平成十八年法律第百八号）第二百五十八条第一項ニ規定スル
受益者ノ定ナキ信託ノ内学術、技芸、慈善、祭祀、宗教其ノ他公益ヲ目的トスルモノニシテ次条ノ許可ヲ受ケタルモノ（以下公益信託ト謂フ）ニ付テハ本法ノ定ムル所ニ依ル

特例の適用が除外される場合

⑴　寄附を受けた日から2年を経過した日までに、特定の公益法人又は特定の公益信託に該当しなくなった場合や、特定の公益法人がその財産を公益を目的とする事業の用に使っていない場合。

⑵　寄附又は支出した人あるいは寄附又は支出した人の親族などの相続税又は贈与税の負担が結果的に不当に減少することとなった場合。

　例えば、財産を寄附した人又は寄附した人の親族などが、寄附を受けた特定の公益法人などを利用して特別の利益を受けている場合は、これに該当することになります。

QUESTION 2-4

不動産を公益財団法人等に遺贈する場合

私は、妻に先立たれ、子もいません。兄弟には相続財産である不動産を渡したくないので、ユニセフなどに寄附することを遺言に記載しようと考えています。相続後の不動産の寄附について何か注意すべき点はありますか。

ANSWER ポイント

- ●ユニセフや日本赤十字社などへの寄附は、原則として、金銭とされていることから、不動産などは相続発生後に現金化してから金銭で寄附する必要があります。
- ●遺言執行者が、不動産などを換金してから寄附する場合、譲渡所得税が生じることがあり、相続事例においては所得税の準確定申告が必要となると思われます。

解説

ユニセフなどに不動産を寄附する場合は、現金化が必要

疎遠な相続人(例えば、兄弟姉妹など)には相続させずに、日本ユニセフなどの公益財団法人等へ寄附するときに、死後に不動産を売却し、お金に換えてから寄附をするという清算型の遺贈がよくあります。これは、寄附を受ける法人が、原則として寄附を受ける財産は「金銭」とする、としていることに原因があります。

この場合、不動産を現金化して寄附しようとするときに、いったん相続人へ遺贈してその後、その不動産を換金処分し、仲介手数料や相続人の譲渡所得税などを控除した残額を公益法人等へ寄附する内容の遺言書であるとします。そうすると、相続人は不動産を譲渡した年分の所得が高くなり、その

遺贈で取得した不動産の寄附（現金化）

不動産の遺贈

登記名義人

現金の寄附

ユニセフや
日本赤十字社等

被相続人

不動産を現金化

翌年度のその相続人の社会保険料（国民健康保険料など）の負担が重くなることにも留意しておかなければなりません。

　清算型遺贈の場合、遺言執行者がする相続財産である不動産の売却手続きとして、被相続人→相続人（相続人不存在の場合には、相続財産法人）→買受人の順に所有権は移転することが登記簿上記載されることになります。

　そうすると、相続人→買受人の所有権移転の登記原因は売買となりますから、表見的には当該相続人が譲渡所得に係る納税義務者となります。

　しかし、実質所得者課税の原則（所法12条）による「収益の享受可能性」を視点に所得の帰属を考えると、受遺者に所得は帰属し、当該受遺者が納税義務者になると考えられます。この相談事例では、法人に対する遺贈であることから、みなし譲渡課税（所法59条）とすることになると考えられます。

　そのため、被相続人の譲渡所得として、準確定申告が必要と思われます。

〔参考１〕　**公益財団法人日本ユニセフ協会ＨＰ「よくあるご質問（FAQ）」より**

Ｑ．現金以外（不動産や有価証券など）も寄付できますか？

Ａ．不動産、株式、骨董品などの動産、貸付金などの債権のご寄付は、なるべく遺言執行者となられる方が現金化（換価処分）し、税金・諸費用を差引いた上でご寄付いただくようお願いしております。しかしながら、ご希望の場合には当協会から不動産を現金化させていただくこともできます。なお、不動産のご寄付は現金化が前提となります。そのため、ご寄付をご検討いただく際は当協会まで事前にお問い合わせください。

〔参考2〕　日本赤十字社ＨＰ「よくあるご質問」より

Q．現金以外の寄付は受け付けていますか？

Ａ．遺贈の場合、遺言書に遺言者の有する不動産や有価証券などの財産を遺
言執行者が換価換金し、必要経費・税金を控除したうえで、日本赤十字社
に遺贈する旨をご記載ください。

　原則として、現金以外のご寄付につきましては、遺言執行時に遺言執行
者となった方（または相続時に相続人になった方＝寄付者）に換価処分（現
金化）していただき、そのために必要な諸費用と税金を差し引いた金銭に
てご寄付いただくようお願いしています。

　災害の性質や将来のニーズに対して柔軟に対応できるよう、金銭による
ご寄付をお願いしている旨、ご理解いただけますと幸いでございます。遺
言執行者にて換金が難しい場合は、事前にご相談ください。

QUESTION 2-5

法定相続人以外の人が生命保険金の受取人である場合

　私の夫はすでに他界しているので、財産を相続させるのは、一人息子とその子（孫）へと考えています。孫を生命保険金の受取人にしていますが、相続税について何か注意すべき点はありますか。

ANSWER ポイント

●相続人以外（孫や甥姪など）は、生命保険金の非課税規定の適用を受けることができません。

●もし被相続人から相続開始前3年以内に贈与を受けていた場合には、生前贈与加算の対象となります。

●相続税額の2割加算の対象者となり、相続税の負担が重くなります。

解説

相続人以外は、生命保険金の非課税規定を受けることができない

　身の回りの世話をしてくれた甥や姪を生命保険の受取人としている事例があります。相続人でない者が生命保険金の受取人であるときは次のような点に注意が必要です。

　相続人でない者が生命保険金の受取人であるときは、生命保険金の非課税規定は相続人が受け取った生命保険金とされているため非課税規定の適用を受けることができません。

　また、その者は遺贈によって財産を取得したことになることから、その被相続人から相続開始前3年以内に贈与を受けていた場合には、生前贈与加算の対象となります。さらに、配偶者及び一親等の血族に該当しないため相続税額の2割加算の対象者となるため、相続税の負担が重くなります。

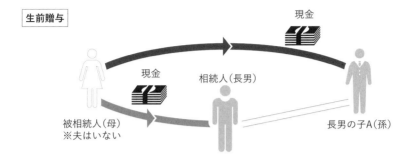

生前贈与

現金

現金

相続人（長男）

被相続人（母）
※夫はいない

長男の子A（孫）

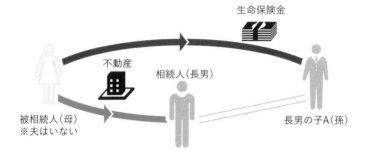

相続

孫が生命保険金の受取人である場合

生命保険金

不動産

相続人（長男）

被相続人（母）
※夫はいない

長男の子A（孫）

生命保険金の受取人で相続税はこう変わる

【設例】

1. 被相続人：　母（令和2年3月死亡）

2. 相続人：　長男（長男には、子Aがいる。）

3. 生前贈与：　母は、次のような贈与を行っていた。

(万円)

受贈者	平成29年5月		平成30年10月		令和元年3月	
	贈与金額	贈与税	贈与金額	贈与税	贈与金額	贈与税
長男	300	19	300	19	300	19
長男の子A	300	19	−	−	300	19

4. 母の相続財産（生前贈与財産を除く。）

不動産ほか　20,000万円

なお、生命保険金　1,000万円は長男の子Aが受取人となっていた。

5. 相続税の計算

（万円）

	長男	長男の子A
不動産ほか	20,000	－
生命保険金	－	1,000
生前贈与加算	900	600
課税価格	20,900	1,600
相続税の総額	5,860	
各人の算出税額	5,443	417
相続税額の2割加算	－	83
贈与税額控除	△57	△38
納付税額	5,386	462
合計税額	**5,848**	

　長男の子Aは、相続人ではないことから、生命保険金の非課税規定の適用を受けることはできません。また、生命保険金の受取人となっているため、遺贈によって母から財産を取得したことになり生前贈与加算の規定の適用を受けることになります。さらに、配偶者及び一親等の血族ではないことから、相続税額の2割加算の対象者となります。

生命保険金の受取人が長男である場合の相続税額

　生命保険金1,000万円の受取人が、長男の子Aではなく、長男であった場合の相続税額は次表のとおりです。相続税の差額は、485万円（＝5,848万円－5,363万円）となります。

（万円）

	長男
不動産ほか	20,000
生命保険金	1,000
非課税金額	△500
生前贈与加算	900
課税価格	21,400
相続税の総額	5,420
各人の算出税額	5,420
相続税額の2割加算	－
贈与税額控除	△57
納付税額	**5,363**

QUESTION 2-6

相続人以外への包括遺贈があった場合の相次相続控除

　夫が先日急死し、私も末期がんで余命3か月と宣告されました。私の法定相続人は、兄だけなのですが、ほとんど付き合いがないため、相続財産は夫の姉の子2人（甥・姪）へ遺贈するために遺言書を残しています。夫や私の相続税の申告に当たって注意すべき点はありますか。

ANSWER　ポイント

●夫の相続税申告期限の前に、二次相続が発生する可能性がありますので、一次相続の名義変更等は早めに済ませることが望ましいでしょう。

●二次相続では遺言により、甥・姪が財産を取得しますので、相続税の申告義務が生じます。

●甥・姪は、相続税額の2割加算や3年内贈与加算の対象ともなります。

●甥・姪の相続税申告が、一次相続より10年以内であっても、包括遺贈の場合は、相次相続控除の適用がないことに注意してください。

解説

具体事例による確認

① 甲は、夫（乙：平成26年9月死亡）に先立たれました。

② 夫の相続人は、甲と代襲相続人のaとbですが、甲は夫のすべての財産を相続することになり、相続税を納付しました。

③ 甲には兄（X）がいますが、日頃の付き合いはまったくありません。

④ 甲の財産は、夫から相続したものが大半であったことから、a及びbに包括遺贈により遺産を取得させる旨の遺言書を残していました。

⑤ 甲は、平成27年6月に死亡しました。

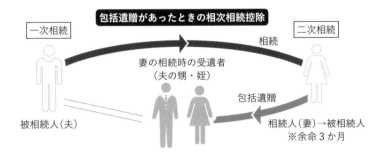

【相続関係図】

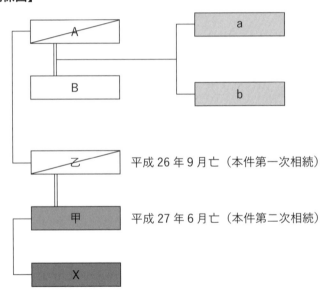

乙 平成26年9月亡（本件第一次相続）

甲 平成27年6月亡（本件第二次相続）

X

包括遺贈は相次相続控除の適用を受けることができるのか

　以上のような前提条件で、a又はbは相続税の申告において、相次相続控除の適用を受けることができるか否かについて、東京国税局から文書回答事例（平成28年3月3日）が公表されています。その概要は以下のとおりです。

相続税法第20条は、相続により財産を取得した場合において、その相続（第二次相続）に係る被相続人が第二次相続の開始前10年以内に開始した相続（第一次相続）により財産を取得したことがあるときは、その第二次相続に係る被相続人から相続により財産を取得した者については、相続税法第15条から第19条の４までの規定により算出した金額から、その第二次相続に係る被相続人が第一次相続により取得した財産につき課せられた相続税額に相当する金額に一定の割合を乗じて算出した金額を控除するものであるところ、相続税法第20条に規定する「相続」には、被相続人からの「相続人」に対する遺贈を含むこととされています。

　ところで、民法第990条においては「包括受遺者は、相続人と同一の権利義務を有する。」と規定されていることから、相続税法第20条に規定する「相続人」には、包括受遺者も含まれると解することができるのではないかという疑問が生じるところです。

　しかしながら、相続税法の規定の中には「相続人」に包括受遺者を含む旨を規定しているものがありますが（相続税法第１条の３第２項、第14条第３項、第21条の17第１項、第27条第２項）、相次相続控除の規定である相続税法第20条は、そのような規定にはなっていません。このことからすれば、相続税法は、「相続人」と「包括受遺者」を別に扱っているものと考えられます。

　そして、「包括受遺者」は「相続人」と同一の権利義務を有するものの、財産の取得に被相続人の遺言を要する点で「相続人」と異なることからすれば、相続税法において両者を別に扱っていると解することも適当であると考えられます。

　したがって、相続人でない者で包括受遺者となる者が遺贈により財産を取得する場合には、相次相続控除の適用はないものと考えます。

相次相続控除

　相続税の相次相続控除とは、相続税の負担が過重とならないよう、前回の相続税額のうち、一定の相続税額（1年につき10％の割合で逓減した後の金額）を控除しようとするものです。

　次の例示の場合は、父の相続税の一定額を子の申告する相続税額から控除できます。

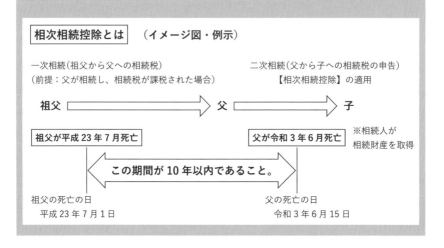

Q UESTION 2-7

相続税の申告書を相続人間で共同作成できない場合

相続税の申告書を提出する段階になって、複数の相続人のうちの一人である、前妻の子が、遺言の内容に不満があるため、申告書に押印してくれません。どうすればいいのでしょうか。

A NSWER ポイント

- ●相続税は原則として共同申告ですので、遺言書に従って、相続税の申告書を作成し、前妻の子と共同で連署して税務署に提出することが望ましいでしょう。
- ●しかし、これが困難な場合は、一部の相続人の箇所だけ押印して提出することもできます。
- ●各々で相続税申告書を提出する場合であっても、前妻の子の箇所も作成しておくことが望ましいと考えます。

解説

各相続人が別々に相続税の申告書を提出することも可能

相続税の申告が必要な場合、同じ被相続人から相続、遺贈や相続時精算課税に係る贈与によって財産を取得した人が共同で作成して提出することができます。しかし、これらの人の間で連絡がとれない場合や、その他の事由で申告書を共同で作成して提出することができない場合には、別々に申告書を提出しても差し支えありません。

別々に申告書を提出する場合でも、お互いの税理士同士が、内容のすり合わせをしていれば、納税額を一致させることができますので、税務署の印象もさほど悪くはないと思われます。もし、税理士同士でのすり合わせができない場合、相続財産だけでなく納税額も違うということになり、税務署としては調査に赴き、一本化するように調整せざるを得ない状況になります。したがって、税務調査は不可避なものと考えられます。

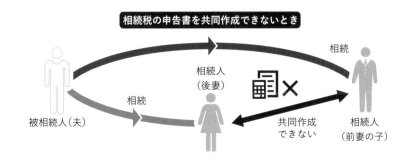

相続税の申告書を共同作成できないとき

相続人（後妻）

被相続人（夫）　相続

相続

相続人（前妻の子）

共同作成できない

● 共同作成した場合

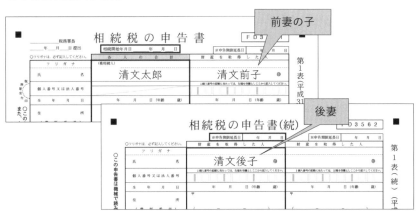

前妻の子

後妻

● 共同作成できない場合

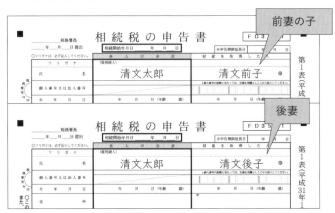

前妻の子

後妻

〔参考〕 国税庁パンフレット「複数の相続人等がいる場合の相続税の申告書の作成方法」

別添

複数の相続人等がいる場合の相続税の申告書の作成方法
～押印をせずに相続税の申告書を提出する場合～

　令和3年度税制改正の大綱において、税務関係書類における押印義務の見直しを行うこととされた趣旨を踏まえ、税制改正前であっても、税務関係書類に押印がなくとも改めて押印を求めないこととし、相続人又は受遺者（以下「相続人等」といいます。）による相続税申告書への押印についても同様に取り扱います。

　このため、2人以上の相続人等がいる場合に相続税の申告書へ押印をしないときは、申告書の提出意思の有無を明らかにするため、申告書第1表及び第1表（続）（以下「第1表等」といいます。）には共同して提出する方のみを記載して提出してください。なお、共同して申告書を提出しない相続人等の方は、別途申告書を作成・提出していただく必要があります（下記参照）。

※ 法令上、相続税の申告書は、2人以上の相続人等が共同して提出する場合に一の申告書に連署して提出することとされています。

【具体例】
　被相続人（国税太郎）の相続税の申告書について、相続人のうち配偶者（国税花子）及び長女（税務幸子）は共同して申告書を提出するが、長男（国税一郎）は配偶者らとは別に申告書を提出するケース

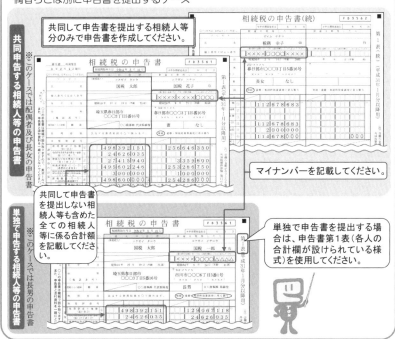

令和3年1月
税務署　　この社会あなたの税がいきている

共同申告しない相続人等も申告書に記載する場合

申告書第1表等について全ての相続人等の氏名や金額を記載する場合には、第1表等のうち共同して申告書を提出しない方の氏名及び金額欄を斜線で抹消する等して、その方が共同申告しない相続人等であることを明示してください（下記参照）。

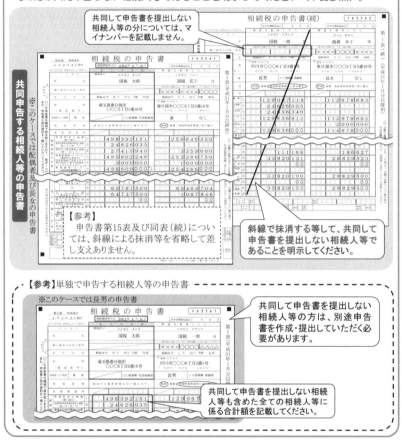

共同して申告書を提出しない相続人等の分については、マイナンバーを記載しません。

※このケースでは配偶者及び長女の申告書

共同申告する相続人等の申告書

【参考】
申告書第15表及び同表（続）については、斜線による抹消等を省略して差し支えありません。

斜線で抹消する等して、共同して申告書を提出しない相続人等であることを明示してください。

【参考】単独で申告する相続人等の申告書

※このケースでは長男の申告書

共同して申告書を提出しない相続人等の方は、別途申告書を作成・提出していただく必要があります。

共同して申告書を提出しない相続人等も含めた全ての相続人等に係る合計額を記載してください。

【参考】相続税の申告をe-Taxにより提出する場合

e-Taxによる相続税の申告について、複数の相続人等の申告を税理士等がまとめて代理送信する場合には、申告書第1表又は第1表（続）に利用者識別番号の入力がある相続人等のデータを有効なものとして受け付けることとなりますので、上記のように共同して申告書を提出するか否かの明示を別途行う必要はありません。

QUESTION 2-8

老人ホームの入居一時金

　私は、妻子がいない叔父のために、老人ホームの入居費用の半分を負担しました。この場合の入居一時金は、贈与税の対象になるのでしょうか。

　また、叔父は多少の財産はあるようなので、遺言を書いてもらい叔父のすべての財産を私が相続する予定です。

ANSWER ポイント

- ●親族の生活のために必要な資金の贈与であると認められる範囲であれば、贈与税の対象にならないと考えられます。
- ●相続発生時に返還される入居一時金で、被相続人（叔父）が負担した部分には相続税がかかります。
- ●あなた（甥）が負担した部分の入居一時金については、叔父の死亡時にあなたに返還される場合でも、あなた自身が負担した金額の返還であることから、相続税の対象にならないと考えられます。

解 説

被相続人負担で相続時に返還される入居一時金には相続税がかかる

　入居一時金とは、老人ホームへ入居する際の初期費用で、施設ごとに金額は違いますが、これを支払うことで、介護サービスや居室、共用スペースの終身利用権を得ることになります。なお、契約者本人の死亡後は、親族がその権利を相続することができません。また、所定の契約期間で償却され、退去や死亡時には入居一時金の未償却分が返還される場合があります。

　この入居一時金ですが、相続発生時に返還される場合は、被相続人が負担した部分については、もちろん相続税の課税対象となります。一方で、被相続人以外が負担した部分の入居一時金については、その負担した者に返還される場合、相続税の課税対象にはなりません。

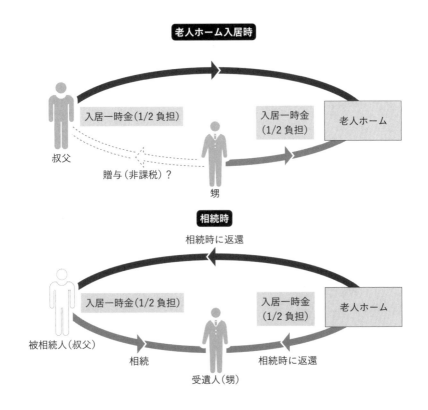

夫婦で老人ホームに入居し、夫に相続が発生した場合

　夫婦2人で老人ホームに入居し、資力のある夫が入居一時金を多く負担したとしても、婚姻費用の分担であり、夫婦間の扶養義務を履行しているのみであると考えられ、入居時に贈与といった問題は生じないことから、課税問題もないと思われます。しかし、夫婦の一方が死亡し、他方が引き続き入居していた場合や、一定の返還金を受け取った場合、相続税の課税が生じると思われます。

　引き続き入居していた場合、おそらく他方へ未償却分の入居一時金が引き継がれることになるので、返還金はないと考えられますが、この場合も、死因贈与による移転と認められ、相続税が課税されるので注意が必要となります。

入居一時金の贈与課税問題

　一般的に、入居一時金の負担者は、配偶者や親の老人ホームの入居に際して、資金力がない入居者に変わって支払うケースが多いと思われます。この場合は、贈与税の課税対象になりうるのですが、他人に対して負担することはあまり考えがたく、親族の生活費のために資金提供したものと考えられます。

　扶養義務者が、生活費に充てるために取得した財産で通常必要と認められるものは贈与税が非課税となることから、このケースも贈与税課税は一般的には考えにくいと思われます。しかし、では一体いくらまでの負担が扶養の範囲なのかというと、判断が難しい問題で、社会通念上、適当と認められる範囲で判断するとしかないと考えられます。

老人ホームで亡くなる人が年々増加している

　平成28年版厚生労働白書によると、「死亡場所別に見た、死亡者数・構成割合の推移」は、以下のように報告されています。

(万人)

年次	自宅	介護施設	その他	医療機関	自宅死亡率	医療機関死亡率
平成2年	18	0	3	62	21.7%	75.0%
平成7年	17	2	3	71	18.3%	77.0%
平成12年	13	2	3	78	13.9%	81.0%
平成17年	13	3	3	89	12.2%	82.4%
平成22年	15	6	3	96	12.6%	80.3%
平成26年	16	10	3	98	12.8%	77.3%

(出典：厚生労働省政策統括官付人口動態・保健社会統計室「人口動態統計」)

(注)①「介護施設」は、「介護老人保健施設」と「老人ホーム」を合計したもの。

　　②「医療機関」は、「病院」と「診療所」を合計したもの。

　介護施設などに入所される人が増加し、老人ホームで亡くなる人が年々増加傾向にあります。そのため、有料老人ホームの入居一時金の返還金について、過去の裁決事例を参考に紹介いたします。

●平成18年11月29日裁決

　被相続人らには、入居契約の締結日時点において、契約に定める老人ホームの居室等を終身にわたって利用し、各種サービスを享受する権利とともに、同人らの死亡又は解約権の行使を停止条件とする金銭債権が生じていると認めるのが相当である。そして、当該金銭債権は、金銭に見積もることができる経済的価値のある権利として本来の相続財産に該当する。夫婦で老人ホームへ入居（入居一時金60,310,000円、追加入居一時金7,000,000円、健康管理費5,250,000円、夫の負担割合約84.3%）、夫は入居後6か月で死亡。

●平成22年11月19日裁決

　被相続人が配偶者のために負担した介護付有料老人ホームの入居金は、相続税法第21条の3第1項第2号に規定する「扶養義務者相互間において生活費に充てるためにした贈与により取得した財産のうち通常必要と認められるもの」に該当するから、当該入居金は相続開始前3年以内の贈与として相続税の課税価格に加算する必要はない。

　本件配偶者には、本件入居金（9,450,000円、返還金相当額5,292,000円）を一時に支払うに足る資産がないこと等にかんがみれば、本件配偶者に係る本件入居金は、本件被相続人がこれを支払い、本件配偶者に返済を求めることはしないというのが、本件入居契約時における、本件被相続人及び本件配偶者の合理的意思であると認められるから、本件入居金支払時に、本件被相続人及び本件配偶者間で、本件入居金相当額の金銭の贈与があったと認めるのが相当である。

　①本件配偶者は、高齢かつ要介護状態にあり、本件被相続人による自宅での介護が困難になったため、介護施設に入居する必要に迫られ本件老人ホームに入居したこと、②本件入居契約からも明らかなとおり、本件老人ホームに入居するためには、本件入居金を一時に支払う必要があったこと、③本件配偶者は本件入居金を支払うに足るだけの金銭を有していなかったため、本件入居金を支払うに足る金銭を有する本件被相続人が、本件入居金を本件配

偶者に代わって支払ったこと、④本件被相続人にとって、同人が本件入居金を負担して本件老人ホームに本件配偶者を入居させたことは、自宅における介護を伴う生活費の負担に代えるものとして相当であると認められること、また、⑤本件老人ホームは、介護の目的を超えた華美な施設とはいえず、むしろ、本件配偶者の介護生活を行うための必要最小限度のものであったと認められることからすれば、本件被相続人による本件入居金の負担、すなわち本件被相続人からの贈与と認められる本件入居金に相当する金銭は，本件においては、介護を必要とする本件配偶者の生活費に充てるために通常必要と認められるものであると解するのが相当である。

● 平成23年 6 月10日裁決

　被相続人が配偶者のために負担した有料老人ホームの入居金は、贈与税の非課税財産に該当しないから、当該入居金は相続開始前 3 年以内の贈与として相続税の課税価格に加算する必要がある。

　本件老人ホームの入居金は施設利用権の対価に充当されること、請求人に係る本件入居金は133,700,000円と極めて高額であること、居室面積も広いこと、共用施設として、フィットネスルーム、プール等が設けられ、さらには、ヘア・エステ等の施設も併設され、無料で利用できること等にかんがみれば、本件老人ホームの施設利用権の取得のための金員は、社会通念上、日常生活に必要な住の費用であると認めることはできず、これに加え、本件老人ホームは介護付有料老人ホームでないこと、請求人は介護状態にないこと、請求人は、本件老人ホームに入居する前、本件居宅に居住していたことからすれば、請求人が本件老人ホームに入居することが不可避であったとも認められないことからすれば、本件入居金は、請求人の日常生活に必要な費用であると認めることはできないから、相続税法21条の 3 第 1 項 2 号の規定する「生活費」に該当しない。

●平成25年2月12日裁決

　本件入居契約（被相続人が、平成21年6月13日付で、本件会社との間で締結した介護型有料老人ホームへの入居契約）の内容によれば、本件入居契約のうち本件入居一時金（7,980,000円）の返還金（1か月後に死亡し、7,649,098円返還された）に係る部分は、入居者（本件被相続人）と本件会社との間で締結された、入居者死亡時の返還金受取人（G）を受益者とする第三者のためにする契約であって、入居者死亡時の返還金受取人（G）は、本件入居契約により、入居者（本件被相続人）の死亡を停止条件として、本件会社に対して直接返還金の返還を請求する権利を取得したものと解すべきであるから、本件返還金は本件被相続人の相続財産であるということができない。

　本件入居契約のみをもって、本件被相続人とGとの間に本件入居一時金に係る返還金の返還を請求する権利を贈与する旨の死因贈与契約が成立していたと認めることはできないし、本件相続開始時より前に、当該当事者間でその旨の死因贈与契約が成立していた事実や、本件被相続人がその旨の遺言をしていた事実を認めることはできないが、実質的にみて、Gは、第三者（G）のためにする契約を含む本件入居契約により、本件相続開始時に、本件被相続人に対価を支払うことなく、同人から本件入居一時金に係る返還金の返還を請求する権利に相当する金額の経済的利益を享受したというべきであるから、Gは、当該経済的利益を受けた時、すなわち、本件相続開始時における当該利益の価額に相当する金額を本件被相続人から贈与により取得したものとみなす（相続税法9条）のが相当であり、そして、Gは、本件被相続人から相続により他の財産を取得していることから、当該利益の価額（本件返還金と同額）は、当該他の財産に加算され、本件相続税の課税対象となる（相続税法19条1項）。

QUESTION 2-9

特定の親族に財産を相続させたい場合

　妻も両親もすでに他界しているため、法定相続人は兄と弟だけです。兄と弟には財産を渡したくないので、甥（弟の子）に全財産を遺す遺言書を書こうと思っています。注意すべき点があれば教えてください。

ANSWER ポイント

● 兄弟が相続人の場合、遺留分は認められていませんので、遺言書で指定しない兄と弟から遺留分は請求できません。

● 遺言書による場合、甥は全財産を相続できますが、相続税額の2割加算の対象となります。

● 甥を養子縁組する方法もありますが、基礎控除額が減少するなどにより、相続税額が増加する可能性も考えられます。

解 説

遺言書か養子縁組か

　兄弟姉妹が相続人である場合には、兄弟姉妹には、遺留分が認められていないことから、遺言書で財産を誰に相続させるかを残しておけば、遺言書どおりに相続できます。しかし、被相続人の一親等の血族及び配偶者以外が相続する場合は、相続税額の2割加算の対象となります。

　一方、養子縁組を行うと、その養子は第1順位の法定相続人となります。つまり、養子にすべての財産を相続させることができます。その者が自分より年少者であれば養子縁組ができます。さらに、この場合は相続税額の2割加算の適用もありません。しかし、元々の法定相続人の数が多い場合には、養子縁組することで、法定相続人の数が少なくなり、基礎控除額が下がることで、相続税の計算上不利となることもあります。

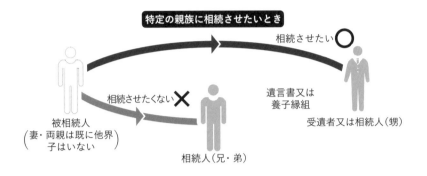

特定の親族に相続させたいとき

相続させたい ○

遺言書又は
養子縁組

相続させたくない ✕

被相続人
（妻・両親は既に他界
子はいない）

相続人（兄・弟）

受遺者又は相続人（甥）

養子縁組しない場合（遺言書）と養子縁組した場合の相続税の比較

【設例】

1. 法定相続人

　① 養子縁組なし（遺言書）　2人：　兄・弟

　② 養子縁組あり　1人：　養子（弟の子：甥）

2. 相続財産：　4億円

　① 養子縁組なし（遺言書）　遺言書で甥へすべて遺贈

　② 養子縁組あり　養子（甥）がすべて相続

3. 相続税の計算

（万円）

| | ①養子縁組なし（遺言書） | | | | ②養子縁組あり | |
	兄	弟	甥	合計	養子	合計
課税価格	0	0	40,000	40,000	40,000	40,000
基礎控除額	4,200（注1）			4,200	3,600（注2）	3,600
相続税の総額	10,920			10,920	14,000	14,000
算出税額	0	0	10,920	10,920	14,000	14,000
2割加算額	—	—	2,184	2,184	—	—
納付相続税額	**0**	**0**	**13,104**	**13,104**	**14,000**	**14,000**

（注1）　法定相続人は、兄と弟の2人で、基礎控除額は3,000万円＋600万円×2人＝4,200万円。

（注2）　法定相続人は、養子1人で、基礎控除額は3,000万円＋600万円×1人＝3,600万円。

QUESTION 2-10

特別縁故者への財産分与がある場合の相続税申告

　私は生涯独身で親族も既に亡くなっており、相続人がいないため、相続財産は国に納められると考えていたのですが、特別縁故者が財産を取得する場合もあると聞きました。その場合の相続税はどのように取り扱われるのでしょうか。

ANSWER ポイント

●被相続人に相続人が存在しない場合に、特別縁故者が財産を取得することがあります。
●特別縁故者は相続ではなく遺贈により財産を取得したものとみなされます。
●相続税の申告書の提出期限は審判確定日の翌日から10か月以内となります。

解説

特別縁故者に対する財産分与とは

　被相続人に相続人が存在しない場合などは、最終的には相続財産は国庫に帰属しますが、特別縁故者が財産を取得する場合もあります。

　特別縁故者とは被相続人と生計を同じくしていた者、被相続人の療養看護に努めた者その他被相続人と特別の縁故があった者とされ、実際に特別縁故者に該当するかは家庭裁判所が判断することとなります。

特別縁故者への財産分与は遺贈となる

　特別縁故者が財産分与を受けた場合には、分与を受けた財産は被相続人から遺贈によって取得したものとみなされ、相続税の課税の対象となります。被相続人の特別縁故者が、家庭裁判所の審判により民法958条の３の規定による相続財産の分与を受けた場合には、分与された時の時価に相当する金額を被相続人から遺贈によって取得したものとみなされます（相法４）。

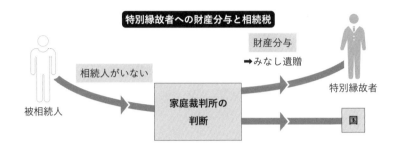

特別縁故者への財産分与と相続税

相続人がいない　被相続人　→　家庭裁判所の判断

財産分与　➡みなし遺贈　→　特別縁故者

国

　ただし、このみなし遺贈について適用される基礎控除や税額計算等は、相法4条の規定が「被相続人から遺贈によって取得したものとみなす」とされているため、遺贈の時即ち相続開始の時のものによると解されています。

　また、特別縁故者が、財産分与を受けた場合の相続税の申告書は、審判確定日の翌日から10か月以内に提出しなければなりません。特別縁故者に係る相法29条1項における「相続税法4条に規定する事由が生じたことを知った日」は、審判確定日（審判のあった日から2週間を経過した日）になります。

　なお、その審判の確定日については、「審判確定証明書」においても確認することができます。

● 特別縁故者に対する財産分与があった場合の相続税法の取扱い

	適用年分等
基礎控除及び相続税の税額計算	相続開始年の相続税法
財産の評価	分与された時(年)の価額
相続税の申告期限	審判確定日の翌日から10か月以内

相続税法4条（遺贈により取得したものとみなす場合）1項

　民法958条の3第1項（特別縁故者に対する相続財産の分与）の規定により同項に規定する相続財産の全部又は一部を与えられた場合においては、その与えられた者が、その与えられた時における当該財産の時価（当該財産の評価について第3章に特別の定めがある場合には、その規定により評価した価額）に相当する金額を当該財産に係る被相続人から遺贈により取得したものとみなす。

相続税法29条（相続財産法人に係る財産を与えられた者に係る相続税の申告書）

　第4条第1項又は第2項に規定する事由が生じたため新たに第27条第1項に規定する申告書を提出すべき要件に該当することとなった者は、同項の規定にかかわらず、当該事由が生じたことを知った日の翌日から10月以内（その者が国税通則法第117条第2項（納税管理人）の規定による納税管理人の届出をしないで当該期間内にこの法律の施行地に住所及び居所を有しないこととなるときは、当該住所及び居所を有しないこととなる日まで）に課税価格、相続税額その他財務省令で定める事項を記載した申告書を納税地の所轄税務署長に提出しなければならない。

2　第27条第2項及び第4項から第6項までの規定は、前項の場合について準用する。

■ 特別縁故者に対する財産分与に関わる相続税の課税

① 相続税が課せられる場合

　特別縁故者は相続ではなく遺贈により財産を取得したものとみなされます。この引き継いだ財産は相続税の課税対象となり、以下③のように相続税の課税価格が基礎控除額を超える場合には相続税を納める必要があります。

② 負担した債務及び葬式費用

　特別縁故者が被相続人の入院費用や葬式費用等を立て替えていた場合にはこれらの費用を相続税の課税価格から控除します。

③　相続税の総額の計算

（相続税の課税価格（財産分与時の特別縁故者の財産分与財産の時価の合計額）－基礎控除額（3,000万円））×税率－控除額＝相続税の総額

④　各人の相続税額

相続税の総額×各人の課税価格／特別縁故者の課税価格の合計×相続税額の2割加算＝各人の相続税額

⑤　相続税の申告期限

　相続税の申告書の提出期限は審判確定日の翌日から10か月以内となります。

【設例】

　特別縁故者が次のように財産分与を受けた場合

甲：現預金　8,000万円

乙：現預金　7,000万円

丙：土地　　5,000万円（財産分与時の相続税評価額）

1.　相続税の課税価格

甲：現預金　8,000万円

乙：現預金　7,000万円

丙：土地　　5,000万円（財産分与時の相続税評価額）

相続税の課税価格 20,000万円

2.　相続税の総額

①相続税の課税価格

20,000万円－基礎控除額3,000万円＝17,000万円

②相続税の総額

①×税率40％－1,700万円＝5,100万円

3.各人の相続税額

甲： 5,100万円×8,000万円/20,000万円×1.2（相続税額の 2 割加算）
　　＝2,448万円

乙： 5,100万円×7,000万円/20,000万円×1.2（相続税額の 2 割加算）
　　＝2,142万円

丙： 5,100万円×5,000万円/20,000万円×1.2（相続税額の 2 割加算）
　　＝1,530万円

Advice プロからのアドバイス

特別縁故者が取得していた財産

① 特別縁故者が既に遺産の一部を遺言により取得している場合や生命保険金を受け取っている場合

　特別縁故者が遺産の一部を遺言により取得している場合や生命保険金を受け取っている場合、その価格が相続税の基礎控除額を超えている場合には、被相続人が亡くなったことを知った日の翌日から10か月以内に申告書の提出と納付をしなければなりません。

　その後、特別縁故者として財産分与を受けた場合には財産分与があったことを知った日の翌日から10か月以内に相続税の修正申告書を提出しなければなりません。この場合、期限内に申告書の提出と相続税の納付を行えば過少申告加算税と延滞税は課されません。

② 特別縁故者が被相続人から相続開始前 3 年以内に贈与を受けている場合

　特別縁故者が被相続人から相続開始前 3 年以内に贈与を受けている場合には相続開始前 3 年以内の贈与加算の対象となります。

コラム

14

相続人不存在の場合の課税関係

　相続人がいることが明らかでないとき、また、相続人全員が相続を放棄したとき、民法は相続財産を法人とする旨を定めています（民法951条）。これが「相続財産法人」で、家庭裁判所により選任された相続財産管理人が被相続人の財産を清算する業務を担います。

> 民法951条（相続財産法人の成立）
> 　相続人のあることが明らかでないときは、相続財産は、法人とする。

⑴　**民法上の相続人が不存在の場合の被相続人の準確定申告の手続**

　居住者が年の中途で死亡し、民法上の相続人が不存在である場合、その被相続人の準確定申告手続については、以下のとおりです。

①　所得税法120条（確定所得申告）に該当する申告書を提出しなければならない場合

> ㈠　包括受遺者がいる場合は、包括受遺者が遺贈のあったことを知った日の翌日から４か月を経過した日の前日までに準確定申告書を提出しなければなりません。
>
> ㈡　包括受遺者がいない場合は、相続財産法人の管理人が確定した日の翌日から４か月を経過した日の前日までに相続財産法人が準確定申告書を提出しなければなりません。

② 所得税法122条（還付等を受けるための申告）に該当する申告書を提出できる場合

> ㈩　包括受遺者がいる場合は、包括受遺者が準確定申告書を提出できます。
>
> ㈦　包括受遺者がいない場合は、相続財産法人が準確定申告書を提出できます。

③ 所得税法123条（確定損失申告）に該当する申告書を提出できる場合

> ㈩　包括受遺者がいる場合は、包括受遺者が遺贈のあったことを知った日の翌日から4か月を経過した日の前日までに準確定申告書を提出できます。
>
> ㈦　包括受遺者がいない場合は、相続財産法人の管理人が確定した日の翌日から4か月を経過した日の前日までに相続財産法人が準確定申告書を提出できます。

	包括受遺者	
	いる場合	いない場合
確定所得申告 （所法120条）	包括受遺者が準確定申告書を4か月以内に提出しなければならない	相続財産法人が準確定申告書を4か月以内に提出しなければならない
還付等を受けるための申告（所法122条）	包括受遺者が準確定申告書を提出することができる	相続財産法人が準確定申告書を提出することができる
確定損失申告 （所法123条）	包括受遺者が準確定申告書を4か月以内に提出することができる	相続財産法人が準確定申告書を4か月以内に提出することができる

ところで、所得税法では、「相続人」には包括受遺者を含む（所法2条2項）ものとされていることから、民法上の相続人はいないが、包括受遺者がいる場合は、所得税法125条（年の中途で死亡した場合の確定申告）の規定がそのまま適用されることとなります。

　しかし、民法上の相続人も包括受遺者もいない場合（相続人不存在）、相続財産は相続財産法人になるとされています（民法951条）。この相続財産法人の申告手続については、所得税法上何らの規定もされていないことから、相続財産法人に所得税法125条の規定が適用できるかどうかが問題となります。

　この点については、国税通則法5条の規定では、被相続人について成立している納税義務もしくは還付請求権については相続財産法人もこれを承継するとされていることから、所得税法125条の規定を類推解釈して、相続財産法人は被相続人の準確定申告書を提出することができ、所得税の還付請求をすることもできると考えられます。

　次に問題となるのが、相続財産法人に同条の規定が適用された場合の申告期限がいつになるのかという点です。

　相続財産法人は、相続の開始があった時に成立することから、同条に規定する「相続のあったことを知った日」は、相続財産法人が成立した日と考えることもできますが、相続財産法人が確定申告書の提出等を行うためには相続財産管理人が選任されなければ不可能です。

　したがって、相続財産法人が準確定申告書を提出する場合の申告期限は、相続財産管理人が確定した日（裁判所から相続財産管理人に通知された日）の翌日から4か月を経過した日の前日とすることが相当です。

なお、遺言書が残されていて遺言執行者の定めがある場合でも、遺言執行者は、遺言の内容を実現するため、相続財産の管理その他遺言の執行に必要な一切の行為をする権利義務を有する（民法1012条）とされていますが、この権利義務は遺言執行に関してのものであって、被相続人に係る所得税の準確定申告書の提出に関する権利義務まで有していると解することはできないと考えられます。

(2)　包括受遺者が遺贈によって取得した財産に対する課税

　相続人が不存在の場合でも、遺言書が残されていたときは遺言書によって受遺者が財産を取得することができます。

　遺贈による相続税の課税は、相続人が相続する際に課税される計算方法と同様です。

　なお、配偶者及び一親等の血族以外の者が遺贈によって財産を取得した場合には、相続税額の２割加算の規定の適用を受けることになります。

● 包括受遺者が財産を取得した場合の相続税法の取扱い

	適用年分等
基礎控除及び相続税の税額計算	相続開始年の相続税法
財産の評価	相続開始の時の価額
相続税の申告期限	遺贈があったことを知った日の翌日から10か月以内

15

相続財産の譲渡

　相続開始後に相続した不動産の譲渡を行う場合には、以下のような特例が設けられていますので、上手に活用すれば譲渡所得税を軽減させることができます。

1.　相続財産を譲渡した場合の取得費の特例

　この特例は、相続により取得した土地、建物、株式などを、一定期間内に譲渡した場合に、相続税額のうち一定金額を譲渡資産の取得費に加算することができるというものです。

⑴　特例を受けるための要件

> イ　相続や遺贈により財産を取得した者であること。
> ロ　その財産を取得した人に相続税が課税されていること。
> ハ　その財産を、相続開始のあった日の翌日から相続税の申告期限の翌日以後 3 年を経過する日までに譲渡していること。

⑵　取得費に加算する相続税額

　取得費に加算する相続税額は、相続又は遺贈の開始した日により、次のイ又はロの算式で計算した金額となります。ただし、その金額がこの特例を適用しないで計算した譲渡益(土地、建物、株式などを売っ

た金額から取得費、譲渡費用を差し引いて計算します。）の金額を超える場合は、その譲渡益相当額となります。

<算式>

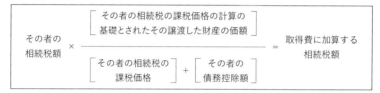

2. 被相続人の居住用財産（空き家）に係る譲渡所得の特別控除の特例

相続又は遺贈により取得した被相続人居住用家屋又は被相続人居住用家屋の敷地等を、平成28年4月1日から令和5年12月31日までの間に売って、一定の要件に当てはまるときは、譲渡所得の金額から最高3,000万円まで控除することができます。

⑴　特例の対象となる被相続人の居住用家屋

相続の開始の直前において被相続人の居住の用に供されていた家屋で、次の3つの要件すべてに当てはまるもの（主として被相続人の居住の用に供されていた一の建築物に限ります。）をいいます。

> イ　昭和56年5月31日以前に建築されたこと。
> ロ　区分所有建物登記がされている建物でないこと。
> ハ　相続の開始の直前において被相続人以外に居住をしていた人がいなかったこと。

⑵　特例要件

①　売った人が、相続又は遺贈により被相続人居住用家屋及び被相続人居住用家屋の敷地等を取得したこと。

②　次のイ又はロの売却をしたこと。

イ　相続又は遺贈により取得した被相続人居住用家屋を売るか、被相続人居住用家屋とともに被相続人居住用家屋の敷地等を売ること。

（注）　被相続人居住用家屋は次の2つの要件に、被相続人居住用家屋の敷地等は次の(イ)の要件に当てはまることが必要です。
(イ)　相続の時から譲渡の時まで事業の用、貸付けの用又は居住の用に供されていたことがないこと。
(ロ)　譲渡の時において一定の耐震基準を満たすものであること。

ロ　相続又は遺贈により取得した被相続人居住用家屋の全部の取壊し等をした後に被相続人居住用家屋の敷地等を売ること。

（注）　被相続人居住用家屋は次の(イ)の要件に、被相続人居住用家屋の敷地等は次の(ロ)及び(ハ)の要件に当てはまることが必要です。
(イ)　相続の時から取壊し等の時まで事業の用、貸付けの用又は居住の用に供されていたことがないこと。
(ロ)　相続の時から譲渡の時まで事業の用、貸付けの用又は居住の用に供されていたことがないこと。
(ハ)　取壊し等の時から譲渡の時まで建物又は構築物の敷地の用に供されていたことがないこと。

③　相続の開始があった日から3年を経過する日の属する年の12月31日までに売ること。

④　売却代金が1億円以下であること。

⑤　売った家屋や敷地等について、相続財産を譲渡した場合の取得費の特例や収用等の場合の特別控除など他の特例の適用を受けていないこと。

⑥　同一の被相続人から相続又は遺贈により取得した被相続人居住用家屋又は被相続人居住用家屋の敷地等について、この特例の適用を受けていないこと。

⑦　親子や夫婦など特別の関係がある人に対して売ったものでな
　　いこと。特別の関係には、このほか生計を一にする親族、家屋を
　　売った後その売った家屋で同居する親族、内縁関係にある人、特
　　殊な関係のある法人なども含まれます。

共有持分を取得した場合の相続税の課税関係

　共有に属する財産の共有者の一人が死亡した場合においてその者の相続人がいないときは、その者に係る持分は、他の共有者は、被相続人の共有持分に相当する財産を当該他の共有者の有する持分に応じてそれぞれ遺贈により取得したものみなして、相続税を課税することとしています（相基通9－12）。この場合において、相続財産の評価時点については、共有持分を遺贈により取得したものとされることから、遺贈と同様に相続開始の時となります。

　また、相続税の申告期限は、原則として次のとおりとなります。

① **特別縁故者による財産分与の請求がない場合**

　特別縁故者の財産分与の請求期限の満了の日の翌日から10か月以内となります。

② **特別縁故者の財産分与の請求がある場合**

　分与額又は分与しないことの決定が確定したことを知った日の翌日から10か月以内となります。

●民法255条の規定により共有持分を取得した場合の相続税法の取扱い

	適用年分等
基礎控除及び相続税の税額計算	相続開始年の相続税法
財産の評価	相続開始の時の価額
相続税の申告期限	財産分与の請求期限の満了の日（分与額又は分与しないことの決定が確定したことを知った日）の翌日から10か月以内

3 高齢単身者の贈与税対策

QUESTION 3-1

贈与税の課税の現状

　贈与を受けた方のうち、贈与税がかかる方の割合はどのくらいなのでしょうか。また、どの程度の価額の財産の贈与を受ける方が多いのでしょうか。

ANSWER ポイント

- ●平成30年中に贈与を受けた人数は502,076人となっています。
- ●このうち、贈与税の申告義務のある者は415,595人となり、年間贈与額が110万円以下の者は残りの86,481人（約17％）となっています。
- ●贈与税の申告義務のある者のうち、取得財産価額400万円以下の人数は全体の72.1％を占めます。

解説

平成30年中に贈与を受けた人数は50万人超

　次の表のとおり、平成30年中に贈与を受けた人数は502,076人で、取得財産価額2兆811億円、納付税額は2,396億円となっています。

　平成30年中に贈与を受けた502,076人のうち、贈与税の申告義務のある者※は415,595人となっています。

　つまり、86,481人（＝502,076人－415,595人）は、年間贈与額が110万円（基礎控除額）以下ということになり、贈与を受けた人のうち約17％を占めています。

※　住宅取得資金の非課税制度適用後の残額について暦年課税のみを選択した者で、その残額が基礎控除を超えない者を除きます。

167

■ 平成30年中の贈与税の申告・課税状況

（億円）

区分	人数	取得財産価額	納付税額
申告状況の合計 （課税状況の合計）	502,076	20,811	
	415,595	20,362	2,396
暦年課税分	374,118	14,874	
特例贈与財産	203,386	7,506	
一般贈与財産	173,012	7,368	
相続時精算課税分	42,885	5,488	

（出典：国税庁「平成30年度版　国税庁統計年報」）

※　合計の「人数」は暦年課税分と相続時精算課税分に重複する者があるため一致しません。

※　暦年課税分の「人数」は、特例贈与財産と一般贈与財産に重複する者があるため一致しません。

取得財産価額400万円以下が70％超

　次の表のとおり、平成30年中に贈与を受けた人のうち、申告義務のある者に係る取得財産価額階級を見ると、取得財産価額が400万円以下の人数は全体の72.1％を占めています。贈与税の速算表（170ページ参照）と比較してみると、贈与税率が15％以下となる財産価額の贈与を行う人が多い傾向が見られます。

■ 平成30年中の贈与財産価額階級別の課税状況

取得財産価額階級	人数	割合
150万円以下	129,777	31.2％
150万円超	46,356	11.2％
200万円超	123,540	29.7％
400万円超	62,776	15.1％
700万円超	22,214	5.3％
1,000万円超	21,335	5.1％
2,000万円超	9,496	2.3％
合計	415,494	100.0％

（出典：国税庁「平成30年度版　国税庁統計年報」）

QUESTION 3-2

暦年課税制度の概要

　贈与税の課税方法には「暦年課税」と「相続時精算課税」の２つがあるそうですが、このうち暦年課税とはどのような制度ですか。

ANSWER ポイント

- ●贈与税が課税されるのは受贈者となります。また、「相続時精算課税」は贈与者ごとに受贈者が選択できます。
- ●暦年課税は、１年間に贈与を受けた財産の合計額を基に贈与税額を計算する制度です。
- ●贈与者と受贈者の関係により、特例贈与財産と一般贈与財産との２種類の税率で計算されます。

◢ 解 説 ◢

20歳以上の子や孫への贈与に係る暦年課税は税率を軽減

　個人から財産をもらったときは、贈与税の課税対象となります。贈与税の申告・納税は受贈者が行います。贈与税の課税方法は、「暦年課税」と「相続時精算課税」の２つがあり、相続時精算課税は贈与者ごとに受贈者が選択できます。

　暦年贈与の場合は、受贈者は１年間（１月１日～12月31日）に贈与を受けた財産の価額の合計額（課税価格）から基礎控除額110万円を差し引いた残額（基礎控除後の課税価格）について、次の速算表を用いて贈与税額を計算します。

　贈与を受けた年の１月１日において20歳以上の受贈者が、父母や祖父母などの直系尊属から贈与により財産を取得した場合は、特例贈与の速算表を用いて税額計算を行います。特例贈与以外の場合（20歳未満の者、配偶者、叔父や叔母からの贈与）は、一般贈与の速算表を用いて税額計算を行います。

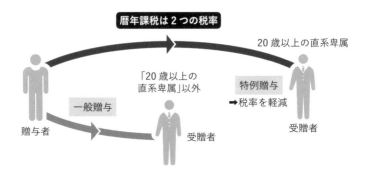

■ 贈与税の速算表

基礎控除後の課税価格	一般贈与		特例贈与	
	税率	控除額	税率	控除額
200万円以下	10%	－	10%	－
200万円超　300万円以下	15%	10万円	15%	10万円
300万円超　400万円以下	20%	25万円		
400万円超　600万円以下	30%	65万円	20%	30万円
600万円超　1,000万円以下	40%	125万円	30%	90万円
1,000万円超　1,500万円以下	45%	175万円	40%	190万円
1,500万円超　3,000万円以下	50%	250万円	45%	265万円
3,000万円超　4,500万円以下	55%	400万円	50%	415万円
4,500万円超			55%	640万円

> **贈与税額の計算例**
>
> ①贈与により一般贈与財産500万円を取得した場合
>
> 　500万円-110万円＝390万円　　390万円×20％－25万円＝53万円
>
> ②贈与により特例贈与財産500万円を取得した場合
>
> 　500万円－110万円＝390万円　　390万円×15％－10万円＝48万5千円
>
> ③贈与により一般贈与財産100万円と特例贈与財産400万円（合計500万円）を取得した場合
>
> 　500万円－110万円＝390万円
>
> 　一般贈与財産に対応する金額
>
> 　　（390万円×20％－25万円）×（100万円／500万円）＝10万6千円
>
> 　特例贈与財産に対応する金額
>
> 　　（390万円×15％－10万円）×（400万円／500万円）＝38万8千円
>
> 　この贈与により納める贈与税額
>
> 　　10万6千円＋38万8千円＝49万4千円

Question 3-3

贈与を行う際の注意点

二男に孫が生まれましたので、二男世帯の将来の資産形成と私の相続税対策も兼ねて、上場株式の贈与を行う予定です。未成年者の孫に贈与を行う際の注意点はありますか。

Answer ポイント

● 贈与は、贈与者（あげる人）と受贈者（もらう人）の合意にもとづく諾成契約となります。

● 贈与契約書を作成し、お互いに自署押印をしておきましょう。

● 孫などの幼少な者への贈与（未成年者との契約）は、両親などの親権者の同意が必要となります。

解説

贈与は諾成契約なので、贈与契約書を作成すること

贈与は、贈与者（あげる人）と受贈者（もらう人）の合意にもとづく諾成契約となります。例えば、親が子の名義の通帳を勝手に作成し、その口座に定期的に入金した場合、子に贈与を受けた認識がないとこの贈与は成立しません。

贈与を成立させるためにも、贈与契約書を作成し、お互いに自署押印をしておきましょう。また、お孫さんなど幼少な者に対する贈与の場合（未成年者との契約）は、親権者（両親など）の同意が必要となるため、幼少の者に代わり親権者の自署押印をしておくのがよいでしょう。

贈与契約書　ー例：上場株式の贈与を行うケースー

贈与契約書

　贈与者 ○○○○（以下「甲」という）と 受贈者 ○○○○（以下「乙」という）は、本日、以下の通り贈与契約を締結した。

（贈与の成立）

第1条　甲は、その所有する○○○○株式会社の株式（以下「本件株式」という）
　　　　○○株　　を乙に贈与し、乙の法定代理人○○○○、○○○○はこれ
　　　　を受諾した。

（株式の引渡等）

第2条　甲は、乙に対し、令和2年10月30日に、本件株式を乙方において引
　　　　渡す。

　　2　前項による引渡が完了したときに、本件株式の所有権は、乙に移転
　　　　する。

（契約の失効）

第3条　前条により引渡が完了する前に本件株式が滅失したときは、本契
　　　　約はその効力を失う。

　上記の通り契約が成立したので、これを証するため、本契約書を2通作成
し、甲乙各1通を保有するものとする。

　令和2年10月30日

　　　　贈与者（甲）
　　　　　　　　　　（住所）

　　　　　　　　　　（氏名）　　　　　　　　　　　　　　　○

　　　　受贈者（乙）　（住所）

　　　　　　　　　　（氏名）

　　　　　　　　　　（乙の法定代理人）

　　　　　　　　　　（住所）
　　　　　　　　　　（氏名）　　　　　　　　　　　　　　　○
　　　　　　　　　　（住所）
　　　　　　　　　　（氏名）　　　　　　　　　　　　　　　○

QUESTION 3-4

相続時精算課税制度の概要

　贈与税の課税方法には「暦年課税」と「相続時精算課税」の2つがあるそうですが、このうち相続時精算課税とはどのような制度ですか。

ANSWER ポイント

- ●相続時精算課税は贈与者ごとに受贈者が選択できます。
- ●相続時精算課税を一度選択すると、同じ贈与者からの贈与については暦年課税に変更することはできません。
- ●贈与者ごとに特別控除額2,500万円があります。これを超える額には一律20%の税率で贈与税が課税されます。
- ●贈与者が亡くなったときには、相続時精算課税選択後の贈与財産と相続財産とを合計した価額を基に相続税額を計算し精算する制度です。

解説

相続時精算課税のしくみ

　受贈者は相続時精算課税を選択した贈与者ごとに、1年間（1月1日から12月31日）に贈与を受けた財産の価額の合計額（課税価格）から特別控除額2,500万円（前年以前にこの特別控除を適用した金額がある場合は、その金額を控除した残額）を控除した残額に20％の税率をかけた金額を算出し、その合計額が贈与税額となります。贈与者が亡くなったときは、相続時精算課税選択後の贈与財産と相続財産とを合計した価額を基に相続税額を計算し、既に納税した贈与税額を控除するしくみです。

　相続時精算課税は贈与者が異なるごとに受贈者が選択することができます。

　なお、一度この相続時精算課税を選択すると、その後、同じ贈与者からの贈与について暦年課税へ変更することはできません。

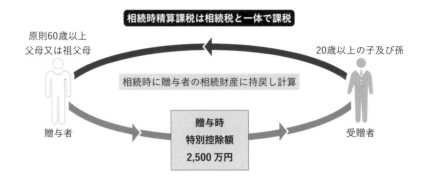

相続時精算課税の対象者

　相続時精算課税の贈与者(あげた人)は、贈与をした年の1月1日において60歳以上の父母又は祖父母となります。ただし、令和3年12月31日までの一定の住宅取得等資金の贈与については、60歳未満の贈与者であっても相続時精算課税を選択することができます。

　受贈者(もらった人)は、贈与を受けた年の1月1日において20歳以上で、かつ贈与者の直系卑属(子や孫)である推定相続人及び孫とされています。

　なお、非上場株式等についての贈与税の納税猶予の特例・個人の事業用資産についての贈与税の納税猶予に係るものについては、贈与者が60歳以上であれば受贈者は贈与者の直系卑属である推定相続人及び孫以外の者(贈与を受けた年の1月1日において20歳以上)でも対象者とされます。

相続時精算課税の選択手続

　この制度を選択しようとする受贈者は、贈与税の申告期間内(贈与を受けた年の翌年2月1日から3月15日まで)に相続時精算課税選択届出書を贈与税の申告書に添付して所轄税務署へ提出しなければなりません。

　なお、相続時精算課税選択届出書には、受贈者や贈与者の戸籍の謄本又は抄本など一定の書類を添付して提出する必要があります。

Q<small>UESTION</small> 3-5

相続時精算課税制度の注意点

　一代飛ばしで孫への贈与に相続時精算課税の選択を検討しています。相続時精算課税を選択する際の注意点を教えてください。

A<small>NSWER</small> ポイント

- ●相続時精算課税を一度選択すると、暦年課税には変更できません。
- ●相続時精算課税適用者は、同じ贈与者からの贈与については年間110万円以下の贈与であっても、贈与税の申告が必要となります。
- ●相続時精算課税による贈与財産は、贈与時の価額で相続税が課税されます。
- ●孫に贈与をする場合は、相続税額の2割加算に注意が必要です。

解説

暦年贈与が使えなくなる

　相続時精算課税を選択すると、それ以降の同じ贈与者からの贈与については、暦年課税を選択することができなくなります。毎年の暦年課税の基礎控除額110万円が使えなくなる点に注意しましょう。

110万円以下の贈与でも申告が必要

　暦年課税であれば年間の贈与額が110万円の基礎控除額以下であれば贈与税は課税されず、申告をする必要もありませんが、相続時精算課税を選択した場合は、その贈与者からの贈与については、年間の贈与額が110万円以下であっても、贈与年の翌年に必ず贈与税の申告をしなければなりません。

第2章

3

高齢単身者の贈与税対策

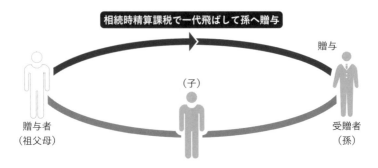

相続時精算課税で一代飛ばして孫へ贈与

贈与

(子)

贈与者
(祖父母)

受贈者
(孫)

110万円以下の贈与でも贈与税が課税される場合がある

　相続時精算課税における特別控除額は2,500万円ですが、選択後の通算でこの2,500万円を超える贈与額については年間に110万円以下の贈与であっても20%の税率で贈与税が課税されます。ただし、贈与者の相続税の申告をする際には、その納めた贈与税額は相続税額から控除され、また、控除しきれない場合は、控除しきれない金額の還付を受けることができます。

贈与時点の価額で相続税が課税される

　相続時精算課税の適用を受けた贈与財産については、相続税の申告をする際に、その贈与財産の贈与時点の価額が相続財産に加算されます。例えば、不動産や株の場合は価額が変動します。贈与時よりも相続時に株価が下落した場合でも贈与時の価格で相続税が計算されるため、価格変動の大きな財産を相続時精算課税で贈与する際には注意が必要です。

孫への贈与は注意

　相続時精算課税を選択した受贈者は、必ず相続税の納税義務者となります。通常は孫は相続人とはなりませんが、相続時精算課税の適用を受けた孫は相続税の納税義務者となります。その際、相続税額の2割加算の適用がありますので注意が必要です。

QUESTION 3-6

生前贈与加算

　生前に贈与した財産であっても、相続があったときに相続税が課税される場合があると聞きました。どのような場合に相続税がかかるのかを教えてください。

ANSWER ポイント

- ●相続開始前3年以内の贈与財産については、原則として相続税が課税されます。
- ●相続時精算課税により贈与を受けた財産については、すべての財産を相続財産に加算して申告しなければなりません。
- ●相続財産を取得しない場合や、一定の特例による贈与財産は、相続開始前3年以内の贈与であっても相続税の課税対象となりません。

解説

相続開始前3年以内の贈与財産は相続財産に加算

　相続又は遺贈により財産を取得した人が、被相続人からその相続開始前3年以内(死亡の日からさかのぼって3年前の日から死亡の日までの間)に贈与により財産を取得している場合は、その3年以内に贈与により取得した財産は相続財産に加算して相続税の申告をする必要があります。その際、その対象となる贈与において支払った贈与税がある場合には、支払わなければならない相続税から控除することができます。

　加算される贈与財産は、被相続人から生前に贈与された財産のうち相続開始前3年以内に贈与されたもので、3年以内であれば贈与税がかかっていたかどうかに関係なく加算します。したがって、基礎控除額110万円以下の贈与財産や死亡した年に贈与されている財産の価額も加算することになります。

3

高齢単身者の贈与税対策

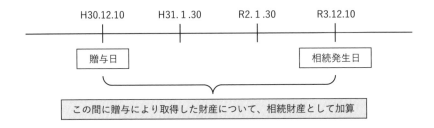

　ただし、以下に掲げる贈与財産については、相続開始前3年以内に被相続人から贈与によって取得した財産であってもその価額は、相続税の課税価格に加算されません。

生前贈与加算の例外

　次のような贈与財産については、相続開始前3年以内であっても、生前贈与加算の対象外とされます。

(イ)　相続時精算課税を選択した場合

　　相続時精算課税を選択した場合においては、生前贈与加算の規定の適用は受けずに、その被相続人から贈与を受けたすべての財産を相続財産に加算して申告する必要があります。

(ロ)　相続財産を取得しない場合

　　相続人でない者または相続を放棄した者が、その被相続人から受けた贈与財産については、そもそも相続税の納税義務者でないため、生前贈与加算の適用はありません。

(ハ)　贈与税の配偶者控除を受けた、または受けようとした場合のその金額

(ニ)　住宅取得等資金贈与の特例を受けた場合の非課税額

(ホ)　直系尊属から教育資金の一括贈与の特例を受けた場合の非課税額

(ヘ)　直系尊属から結婚・子育て資金の一括贈与の特例を受けた場合の非課税額

QUESTION 3-7

贈与税の配偶者控除

妻に対して自宅の贈与を考えていますが、贈与税が優遇される制度があると聞きました。その制度の詳細を教えてください。

ANSWER ポイント

- ●婚姻期間が20年以上の夫婦間の贈与の場合は、贈与税の配偶者控除があります。
- ●配偶者控除の贈与財産は、居住用不動産又は居住用不動産を取得するための金銭に限ります。
- ●配偶者控除額は基礎控除額に加えて最高2,000万円となります。

解説

贈与税の配偶者控除とは

婚姻期間20年以上の夫婦の間で居住用不動産等の贈与があった場合には、次の要件を満たせば、贈与税の申告をすることにより、基礎控除額110万円のほかに最高2,000万円までの配偶者控除の適用を受けることができます。

---

① 夫婦の婚姻期間が20年を過ぎた後に贈与が行われたこと

② 配偶者から贈与された財産が、居住用不動産であること又は居住用不動産を取得するための金銭であること

③ 贈与を受けた年の翌年の3月15日までに、贈与により取得した居住用不動産又は贈与を受けた金銭で取得した居住用不動産に贈与を受けた者が現実に住んでおり、その後も引き続き住む見込みであること

贈与税は非課税でも登録免許税や不動産取得税がかかることも

　この制度の適用を受ける場合の留意点としては、贈与税の配偶者控除の適用を受けて贈与税は非課税であっても、贈与財産が居住用不動産であれば、所有権の移転登記に伴う登録免許税や不動産取得税が課されます。そこで、移転コストを少しでも軽減するために、土地だけでなく住宅も併せて贈与するようにします。

宅地についての不動産取得税の軽減

　自己が居住する一定の既存住宅用土地の取得については、その宅地と同時に住宅（持分でも可）も贈与すれば、土地の不動産取得税額から次のA又はBのいずれか多い額が減額されます。

A　45,000円
B　土地の1㎡当たりの価格※×住宅の床面積の2倍（一戸200㎡を限度）×3％
　　※　土地の1㎡当たりの価格＝（固定資産評価額÷2）÷土地の面積

　Bの計算により、土地の面積が住宅の床面積の2倍（200㎡を限度）よりも小さい場合は、その土地に対する不動産取得税の全額が軽減されます。

住宅についての不動産取得税の課税標準の特例

　居住用家屋を贈与した場合の不動産取得税について、一定の既存住宅（自己の居住の用に供するものに限ります。）の取得に係る課税価格の特例の適用があり、住宅が新築された日に応じて次の控除額を控除した金額が不動産取得税の課税標準額とされます。

住宅が新築された日	控除額（万円）
昭和51年1月1日〜昭和56年6月30日	350
昭和56年7月1日〜昭和60年6月30日	420
昭和60年7月1日〜平成元年3月31日	450
平成元年4月1日〜平成9年3月31日	1,000
平成9年4月1日〜	1,200

※　昭和57年1月1日以前建築の住宅については、新耐震基準に適合していることが要件となります。

【設例】

　居住用不動産を贈与税の配偶者控除によって妻へ贈与した。

(1)　相続税評価額 2,400万円

　①　土地（面積200㎡）： 2,000万円

　②　住宅（床面積100㎡・昭和63年新築（450万円控除））： 400万円

なお、この住宅は、不動産取得税の軽減を受けることができる住宅である。

(2)　固定資産税評価額（①土地：1,000万円、②住宅：400万円）

	土地のみを贈与	土地と住宅の1/4を贈与
贈与税	2,000万円−(2,000万円+110万円)≦0円　∴贈与税は課されない。	(2,000万円+400万円×1/4)−(2,000万円+110万円)<0円　∴贈与税は課されない。
登録免許税	1,000万円×2.0%＝20万円	(1,000万円+400万円×1/4)×2.0%＝22万円
不動産取得税	1,000万円×1/2×3.0%＝15万円	・土地 控除額の計算：(1,000万円÷200㎡)×1/2×(100㎡×2)×3.0%＝15万円≧45,000円　∴15万円 不動産取得税：(1,000万円×1/2×3.0%)−15万円＝0円 ・住宅：(400万円×1/4−450万円)×3.0%<0　∴不動産取得税は課されない。
負担税額計	20万円+15万円＝35万円	22万円+0円＝22万円

　以上の設例の場合には、土地のみの贈与でなく住宅も併せて贈与すれば、不動産取得税は課されないことになります。

コラム

17

持戻し免除の意思表示の推定規定

　配偶者保護のための方策として、婚姻期間が20年以上である夫婦の一方配偶者が、他方配偶者に対し、居住用建物又はその敷地（居住用不動産）を遺贈又は贈与した場合については、民法903条3項の持戻しの免除の意思表示があったものと推定し、遺産分割においては、原則として当該居住用不動産の持戻し計算を不要としました（当該居住用不動産の価額を特別受益として扱わずに計算をすることができます。）。

　この規定は、令和元年7月1日前にされた遺贈又は贈与については適用しない（附則4条）こととされているため、贈与した日がその日より前の場合には、遺言書などによって持戻し免除の意思表示が必要となります。

　贈与税の配偶者控除と民法の相違点は、贈与税の配偶者控除においては、配偶者が居住用不動産を取得するための金銭もその控除の対象となりますが、民法における持戻し免除の意思表示の推定規定については、居住用不動産のみが対象とされます。

● 贈与税の配偶者控除と民法の相違点

	贈与税の配偶者控除 （相法21条の6）	持戻し免除の意思表示の推定規定 （民法903条④）
婚姻期間	20年以上	20年以上
贈与財産の種類	居住用不動産又は居住用不動産を取得するための金銭	居住用不動産
取得原因	贈与	遺贈又は贈与
持戻し免除の取扱い	意思表示が必要	意思表示があったものとする

コラム

18

被相続人が受贈者に代わって
贈与税を納税した場合の課税関係

　贈与税は、個人から財産をもらったときにかかる税金で、財産をもらった人が申告と納税をする必要があります。

　しかし、贈与者が受贈者に代わって贈与税を納付することがあります。この場合、課税関係は以下のようになります。

　相続税法34条（連帯納付の義務等）2項において、「同一の被相続人から相続又は遺贈により財産を取得した全ての者は、その相続又は遺贈により取得した財産に係る相続税について、当該相続又は遺贈により受けた利益の価額に相当する金額を限度として、互いに連帯納付の責めに任ずる」としています。

　また、相基通34−3（注）では、「連帯納付の責めに基づいて相続税又は贈与税の納付があった場合において、相基通8−3の適用がある」としています。相基通8−3(1)は、連帯債務者が自己の負担に属する債務の部分を超えて弁済した場合において、その超える部分の金額について他の債務者に対し求償権を放棄したときは、その超える部分の金額は、相続税法8条の規定による贈与があったものとみなされるとしています。そのため、贈与者が受贈者の贈与税を肩代わりして納税しても、求償権を放棄するまでの間は贈与に当たらないことになります。贈与税の肩代わりが贈与とみなされる（相法8条）のは、贈与者以外の者が贈与税を支払った場合に限られます。

相続税法8条
　対価を支払わないで、又は著しく低い価額の対価で債務の免除、引受け又は第三者のためにする債務の弁済による利益を受けた場合においては、当該債務の免除、引受け又は弁済があった時において、当該債務の免除、引受け又は弁済による利益を受けた者が、当該債務の免除、引受け又は弁済に係る債務の金額に相当する金額（対価の支払があった場合には、その価額を控除した金額）を当該債務の免除、引受け又は弁済をした者から贈与（当該債務の免除、引受け又は弁済が遺言によりなされた場合には、遺贈）により取得したものとみなす。

以下、略

【設例】
1.　被相続人：　父（令和2年4月死亡）
2.　受贈者：　長男
3.　長男が受けた贈与（平成24年）
　　⑴　父からの贈与の贈与税　500万円
　　⑵　母からの贈与の贈与税　400万円
4.　贈与税の納付者：　父
　　（平成25年3月15日に900万円の贈与税を長男に代わって納付）
5.　父が支払った贈与税の相続財産への加算

	父から受けた贈与	母から受けた贈与
贈与税の納税	連帯納付義務の履行	債務の弁済（肩代わり）
贈与の時期	求償権の放棄をしたとき	弁済があった時
贈与の種類	みなし贈与	みなし贈与
更正等の期間制限	6年	6年
相続財産への加算	求償権の放棄がなかった場合には、500万円は立替金として相続財産に加算される	消滅時効が完成しているため、400万円は相続財産に加算されない
根拠条文	相法34、相法36、相基通34－3（注）、相基通8－3⑴	相法8、相法36

184

QUESTION 3-8

特定障害者扶養信託契約による贈与

　障害者である子への贈与を考えています。障害者に対する贈与については、贈与税の非課税規定があると聞きましたが、どのような制度なのでしょうか。

ANSWER ポイント

●特定障害者扶養信託契約による贈与の場合は、贈与税の非課税規定があります。

●特別障害者については6,000万円まで、特別障害者以外の特定障害者については3,000万円までが非課税となります。

解　説

障害者に対する贈与の非課税規定とは

　障害者の生活の安定を図る目的で、その親族や篤志家など個人が金銭、有価証券その他の財産を、特定贈与信託業務を取り扱っている信託会社等に信託したときは特別障害者については6,000万円、特別障害者以外の特定障害者については3,000万円を限度として贈与税を非課税とするものです。

特定贈与信託とは

　この場合、贈与した者と信託銀行等との間で特定障害者のために締結される信託契約を特定障害者扶養信託契約といい、信託銀行等は「特定贈与信託」という名称で取扱いを行っています。

　特定贈与信託とは、委託者が贈与者、受託者が信託銀行等、受益者が特定障害者等となり、具体的には次の図のようなしくみとなります。

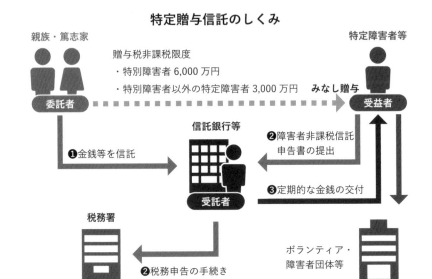

特定贈与信託のしくみ

親族・篤志家

贈与税非課税限度
・特別障害者 6,000 万円
・特別障害者以外の特定障害者 3,000 万円　**みなし贈与**

委託者

特定障害者等

受益者

信託銀行等

❶金銭等を信託

❷障害者非課税信託
申告書の提出

❸定期的な金銭の交付

受託者

税務署

❷税務申告の手続き

ボランティア・
障害者団体等

信託銀行では信託財産は、原則として金銭のみ

　特定贈与信託は、定期的に金銭を交付する必要があることから、信託できる財産は、法令により、①金銭、②有価証券、③不動産など、収益を生じる財産や換金性の高い財産に限られるとしていますが、信託銀行では、原則として、金銭による財産の信託しか扱っていません。

障害者にはどのような人が該当するのか

この規定における障害者とは次のような者をいいます。

1、特別障害者

　心身障害者の中でも精神又は身体に重度の障害がある次に掲げる者

　　① 精神上の障害により事理を弁識する能力を欠く常況にある者または重度の知的障害者

　　② 重度の精神障害者

　　③ 1級又は2級の身体障害者手帳所有者

　　④ 特別項症から第3項症までの戦傷病者手帳所有者

　　⑤ 原子爆弾被爆者

　　⑥ 常に就床を要し、複雑な介護を要する者のうち重度の者

　　⑦ 年齢65歳以上の重度障害者

2、特定障害者

　特別障害者以外で次のいずれかに該当する者

　　① 中軽度の知的障害者

　　② 2級または3級の精神障害者保健福祉手帳保有者

　　③ 年齢65歳以上の障害者

（出典：一般社団法人信託協会「特定贈与信託―その制度のあらましと手続き―」）

Advice プロからのアドバイス

特定障害者が死亡した場合

特定障害者が死亡し、信託が終了した場合の残余財産は、受益者(特定障害者)の相続人又は受遺者に交付されます。

信託設定時にボランティア・障害者団体や社会福祉施設などに指定しておくと、残余財産を寄附して他の障害者のために活用することができます。

Column

コラム

19

信託によるみなし贈与

　おひとりさまでも、可愛がっている甥や姪に贈与しておきたいという場合があります。贈与が成立するためには、贈与者の意思表示と受贈者の受諾が必要です。そのため、税務調査では、名義だけが甥や姪などになっている預金で、実際に贈与が行われていない「名義預金」が相続財産として課税問題に発展している事例が多くあります。

　多額の現金を贈与すると、無駄遣いが始まらないか心配だとか、教育上好ましくないと考え、受贈者には知らせていないケースなどです。

　そこで、信託を活用すれば、名義預金として贈与が否認されることなく、かつ、甥や姪へ知らせることなく相続対策を行うことができます。

　例えば、委託者を甲、受託者を信頼できる乙にして、委託者と受託者との間で「預金」を信託財産とする信託契約を締結し、受益者を甥や姪にします。この場合、委託者は甲、受益者が甥や姪になるので、税務上は預金が甲（委託者）から甥や姪（受益者）に贈与されたものとして取り扱われます。

　信託契約書に署名するのは委託者と受託者で、受益者については契約書に名前が記載されるだけで、受益者に信託契約の内容を、特約で別段の定めをすれば知らせないことも可能です。つまり、受益者が贈与を受けることの意思表示をしなくても、また、贈与を受けたことを知らなくても、税務上贈与として取り扱うことができます。

なお、受託者を委託者とする「自己信託」とする選択肢もあります。

　また、多くの金額をまとめて信託財産とすると贈与税額が高くなってしまいますが、信託契約で定めれば、新たな信託契約を結ばずに信託財産を少しずつ追加していくことも可能で、贈与税の額をコントロールすることも可能です。

第3章

高齢単身者の老後資金と
老後生活対策

1 社会保障給付等における所得や収入の定義

QUESTION 1-1

社会保障給付等における所得基準や判定の単位

　私は妻子がおらず、老後資金の確保にあたっては、国や自治体の社会保障給付等の検討が欠かせません。ただ、これらの給付等は個人や世帯の所得などに応じて、給付の内容や支給基準が異なると友人から聞きました。具体的には、どのような所得基準や判定の単位となっているのでしょうか。

ANSWER ポイント

●社会保障給付等の基準とされる所得金額は各制度により異なります。

●基準額の判定にあたっては、個人や世帯などの計算の単位も異なります。

解 説

基準や判定の単位は各制度で異なる

　社会保障給付等の算定にあたっては、例えば、「収入金額」、「合計所得金額」、「総所得金額」、「総所得金額等」、「住民税の課税所得（課税標準額）」、「算定基礎所得金額」などが判定の基準とされています。

　また、判定期間の単位についても、月単位であるものと年単位であるものや、判定の範囲が個人単位であるものや世帯単位であるものなど、各制度により異なりますので注意が必要です。

■ 社会保障給付等における所得金額や収入金額等

年金・保険料等の種類	計算基礎となる所得金額	摘要
遺族年金の受給権	合計所得金額	「個人」単位で計算
国民健康保険の保険料（所得割）	算定基礎所得金額	「世帯」単位で計算
後期高齢者医療制度 保険料	算定基礎所得金額	「個人」単位で計算
後期高齢者医療制度 低所得者等に対する保険料の軽減	総所得金額等 （専従者控除・譲渡所得の特別控除の適用前の所得）	「世帯」の総所得金額等の合計で判定
後期高齢者医療制度 医療費の窓口負担割合	住民税の課税所得金額	一定額以下の収入金額の場合に軽減
高額療養費（70歳以上）	住民税の課税所得金額	「月」単位で計算
高額療養費（69歳以下）	算定基礎所得金額	「月」単位で計算
介護保険料（65歳以上）	合計所得金額※	「個人」単位で判定
介護保険利用者負担割合	合計所得金額	「世帯」単位で判定
介護保険負担限度額認定制度	住民税の課税所得金額等	「世帯」単位で判定
介護保険高額介護（介護予防）サービス費	住民税の課税所得金額	「世帯」単位で判定
高額医療・高額介護合算療養費 （70歳以上の人がいる世帯）	住民税の課税所得金額	「世帯」単位で判定
高額医療・高額介護合算療養費 （69歳以下の人がいる世帯）	算定基礎所得金額	「世帯」単位で判定

※ 本人が市町村民税非課税の者は、合計所得金額から公的年金等の所得金額を控除した額などによって計算されます。

QUESTION 1-2

収入金額

社会保障における各種給付を受ける場合の所得金額とは、「収入金額」「合計所得金額」「総所得金額」「総所得金額等」「住民税の課税所得（課税標準額）」、および「算定基礎所得金額」を基にして算定すると聞きました。

このうち、「収入金額」とは、実務の上で、どのような金額を指すのでしょうか。

ANSWER ポイント

●収入金額とは、必要経費を差し引く前の（総）収入金額をいいます。

解説

所得に応じた収入金額

給与等の収入金額とは、源泉徴収票の「支払金額」をいいます。具体的には、源泉徴収票の「支払金額」の欄で確認できます。

年金等の収入金額とは、年金の収入金額から公的年金等控除額を差し引く前の金額をいいます。これも源泉徴収票の「支払金額」をいいます。

不動産所得における総収入金額とは、具体的には、土地や建物を貸している場合の地代、家賃、権利金、礼金などの収入です。また、借地権を設定して賃貸する収入も総収入金額になります。

なお、総収入金額には、貸付けによる賃貸料収入のほかに、①名義書換料、承諾料、頭金などの名目で受領するもの、②共益費などの名目で受け取る電気代、水道代や掃除代など、③敷金や保証金などのうち返還を要しないものも含まれます。

Column

コラム

20

収入金額と総収入金額の違い

　利子所得、配当所得、給与所得、退職所得、公的年金等に係る雑所得については、比較的その収益の内容が単純なので、「収入金額」という用語が用いられています。

　不動産所得、事業所得、山林所得、譲渡所得、雑所得（公的年金等を除く雑所得）、一時所得については、その収益の内容が副収入や付随収入などを伴って複雑な場合が多いことから、「総収入金額」という用語が用いられています。

●収入金額

利子所得、配当所得、給与所得、退職所得、

公的年金等に係る雑所得

●総収入金額

不動産所得、事業所得、山林所得、譲渡所得、

雑所得（公的年金等を除く雑所得）、一時所得

第3章

1

社会保障給付等における所得や収入の定義

QUESTION 1-3

合計所得金額

　社会保障における各種給付を受ける場合の所得金額とは、「収入金額」「合計所得金額」「総所得金額」「総所得金額等」「住民税の課税所得（課税標準額）」、および「算定基礎所得金額」を基にして算定すると聞きました。

　このうち、「合計所得金額」とは、実務の上で、どのような場合に使う用語なのでしょうか。

ANSWER ポイント

●合計所得金額は、個人の市・府民税均等割の非課税判定及び扶養親族や各種控除の判定の基準になります。

解説

合計所得金額とは

　合計所得金額とは、次の①と②の合計額に、退職所得金額、山林所得金額を加算した金額をいいます。

※　申告分離課税の所得がある場合には、それらの特別控除前の所得金額の合計額を加算した金額です。また、純損失や雑損失の繰越控除の適用前の金額をいいます。

---

① 事業所得、不動産所得、給与所得、総合課税の利子所得・配当所得・短期譲渡所得及び雑所得の金額の合計額（損益通算後）

+

② 総合課税の長期譲渡所得と一時所得の合計額（損益通算後）の2分の1の金額

QUESTION 1-4

総所得金額

　社会保障における各種給付を受ける場合の所得金額とは、「収入金額」「合計所得金額」「総所得金額」「総所得金額等」「住民税の課税所得（課税標準額）」、および「算定基礎所得金額」を基にして算定すると聞きました。

　このうち、「総所得金額」とは、実務の上で、どのような場合に使う用語なのでしょうか。

ANSWER ポイント

●総所得金額は、個人の市・府民税の計算の基準になります。

解 説

総所得金額とは

　総所得金額とは、純損失や雑損失の繰越控除後の次の所得の合計額をいいます。

---

①　事業所得、不動産所得、給与所得、総合課税の利子所得・配当所得・短期譲渡所得及び雑所得の金額の合計額（損益通算後）

＋

②　総合課税の長期譲渡所得と一時所得の合計額（損益通算後）の２分の１の金額

　所得税の課税上で使われる「総所得金額等」との違いに注意してください。

QUESTION 1-5

総所得金額等

　社会保障における各種給付を受ける場合の所得金額とは、「収入金額」「合計所得金額」「総所得金額」「総所得金額等」「住民税の課税所得（課税標準額）」、および「算定基礎所得金額」を基にして算定すると聞きました。

　このうち、「総所得金額等」とは、実務の上で、どのような場合に使う用語なのでしょうか。

ANSWER ポイント

●総所得金額等は、市・府民税所得割の非課税判定の基準になります。

解説

総所得金額等とは

　総所得金額等とは、次の①と②の合計額に、退職所得金額、山林所得金額を加算した金額をいいます。

※　申告分離課税の所得がある場合には、それらの所得金額（長(短)期譲渡所得については特別控除前の金額）の合計額を加算した金額です。

---

①　事業所得、不動産所得、給与所得、総合課税の利子所得・配当所得・短期譲渡所得及び雑所得の金額の合計額（損益通算後）

＋

②　総合課税の長期譲渡所得と一時所得の合計額（損益通算後）の2分の1の金額

　ただし、次の繰越控除を受けている場合は、その適用後の金額をいいます。
・純損失や雑損失の繰越控除
・居住用財産の買換え等の場合の譲渡損失の繰越控除
・特定居住用財産の譲渡損失の繰越控除
・上場株式等に係る譲渡損失の繰越控除
・特定中小会社が発行した株式に係る譲渡損失の繰越控除
・先物取引の差金等決済に係る損失の繰越控除

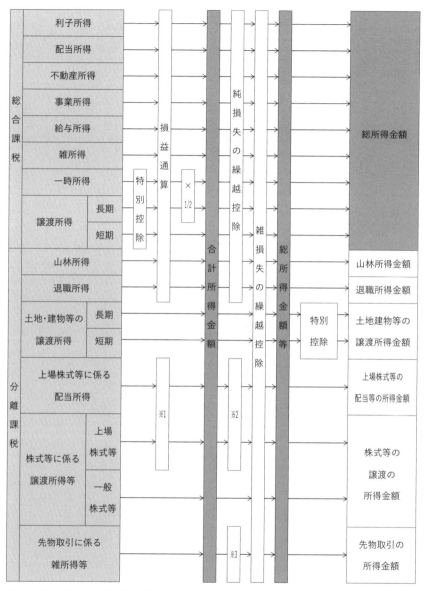

※1　上場株式等に係る譲渡損失がある場合は、その年分の上場株式等に係る配当所得と損益通算ができます。

※2　過去3年間で※1にて控除しきれない損失がある場合は、繰越控除ができます。

※3　過去3年間で先物取引に係る雑所得金額等に損失がある場合は、繰越控除ができます。

住民税の課税所得（課税標準額）

　社会保障における各種給付を受ける場合の所得金額とは、「収入金額」「合計所得金額」「総所得金額」「総所得金額等」「住民税の課税所得（課税標準額）」、および「算定基礎所得金額」を基にして算定すると聞きました。

　このうち、「住民税の課税所得（課税標準額）」は、どのように計算されるのでしょうか。

ANSWER ポイント

●個人の市・府民税は均等割額と所得割額の合計が年税額になります。

解説

住民税の課税所得（課税標準額）とは

　住民税の所得割（退職所得に対する申告分離課税に係るものを除きます。）の課税標準は、前年所得について算定した総所得金額、退職所得金額（申告分離課税の対象となるものを除きます。）及び山林所得金額の合計額とされています。

　なお、申告分離課税の所得がある場合には、それらの特別控除前の所得金額の合計額を加算した金額とされています。

　控除される金額は所得税（令和2年分以後）と、住民税（令和3年度以後）では一部異なっています。主な控除の金額は、次の表のとおりです。

■ 住民税と所得税の控除額一覧

控除の名称	住民税の控除額	所得税の控除額
基礎控除※1	15・29・43万円	16・32・48万円
配偶者控除※2	11・22・33万円	13・26・38万円
老人控除対象配偶者※2	13・26・38万円	16・32・48万円
配偶者特別控除※3	～33万円	～38万円
扶養控除（一般）	33万円	38万円
扶養控除（特定）	45万円	63万円
老人扶養控除（同居老親等）	45万円	58万円
老人扶養控除 （同居老親等以外の者）	38万円	48万円
寡婦控除	26万円	27万円
ひとり親控除	30万円	35万円
障害者	26万円	27万円
特別障害者	30万円	40万円
同居特別障害者	53万円	75万円
社会保険料控除	その年の支払額	その年の支払額
小規模企業共済等掛金控除	その年の支払額	その年の支払額
生命保険料控除	～7万円	～12万円
地震保険料控除	～2万5,000円	～5万円
医療費控除※4	その年の支払額－10万円	その年の支払額－10万円

※1　納税者本人の合計所得金額が2,500万円超の場合は０円。
※2　控除を受ける納税者本人の合計所得金額が1,000万円を超える場合は、配偶者控除は受けられない。
※3　控除を受ける納税者本人のその年における合計所得金額及び配偶者の合計所得金額に応じて変動。
※4　その年の総所得金額等が200万円未満の人は、総所得金額等の５％の金額

算定基礎所得金額

　社会保障における各種給付を受ける場合の所得金額とは、「収入金額」
「合計所得金額」「総所得金額」「総所得金額等」「住民税の課税所得(課
税標準額)」、および「算定基礎所得金額」を基にして算定すると聞きました。

　このうち、「算定基礎所得金額」とは、実務の上で、どのような場合に
使う用語なのでしょうか。

ANSWER ポイント

●算定基礎所得金額とは、国民健康保険料等の計算に使われる用語です。

解 説

算定基礎所得金額とは

　算定基礎所得金額とは、加入年度前年の世帯収入から給与所得控除や公
的年金等控除の必要経費を除いた総所得金額から、基礎控除(令和２年度・
33万円)のみを差し引いた金額のことで、「旧ただし書き所得」と呼ばれます。
ここでは、配偶者・扶養・社会保険料・生命保険料等の各種控除は適用されな
いことにご注意ください。

　算定基礎所得金額の計算においては、以下のような点にも注意が必要です。

---

① 　同じ世帯で複数の方に所得がある場合、算定基礎所得金額は個人ごとに
　　計算し(マイナスの場合は０円)、合算します。
　〔例〕
　夫の所得金額100万円－33万円＋妻の所得金額40万円－33万円
　＝74万円

② 　分離課税の所得(退職所得は含みません。)は特別控除後の金額です。

---

③　繰越雑損失がある場合は控除前の金額になります。

　・給与所得…給与収入額 − 給与所得控除額

　・年金所得…公的年金等収入金額 − 公的年金等控除額

　　　　　　　（遺族年金や障害年金は含みません。）

　・事業所得…事業収入額 − 必要経費

　　　　　　　（事業専従者控除がある方は控除後の所得が事業所得にな

　　　　　　　ります。）

　・土地譲渡所得…譲渡所得金額 − 特別控除

　なお、上場株式等の配当所得等及び特定口座による特定株式等譲渡所得については、源泉徴収のみで課税関係を終了することができます。この場合、保険料算定には譲渡益や配当所得を含みませんが、これらを含めて確定申告をした場合には保険料算定の所得に含まれます。

2 社会保障給付等における所得や収入の基準

QUESTION 2-1

遺族年金の受給権

　先日、夫が亡くなりました。私は、夫が経営していた同族会社で役員に就いており、昨年の年間役員給与は800万円でした。私には夫の遺族年金の受給権はあるのでしょうか。

ANSWER ポイント

●遺族年金の受給権は、合計所得金額で判定されます。

解説

2つの遺族年金

　遺族年金には、「遺族基礎年金」と「遺族厚生年金」の2つがあります。

　遺族基礎年金は、国民年金に加入中の方が亡くなった時、その方によって生計を維持されていた「18歳到達年度の末日までにある子（障害者は20歳未満）のいる妻」又は「子」に支給されます。

　遺族厚生年金は、被保険者が死亡したとき、又は被保険者期間中の傷病がもとで初診日から5年以内に亡くなったとき、死亡した者によって生計を維持されていた遺族（1. 配偶者又は子、2. 父母、3. 孫、4. 祖父母の中で優先順位の高い方）に支給されます。

遺族年金の受給権の判定基準

　前述の2つの遺族年金に共通した要件のうちの一つに、死亡時に死亡者によって生計を維持されている遺族であることという条件があります。

　この生計維持関係の有無は、死亡者と生計が同一であったことと、遺族の前年の収入が850万円未満、又は所得金額が655.5万円未満であるか否かで判定します。つまり、同じ世帯（原則として戸籍謄本と住民票が同一世帯に記載されている必要があります。）で、かつ、この金額未満の年収あるいは所得のどちらかの要件をクリアーすれば、死亡者によって生計を維持されていたということになります。

　そのため、ご質問のように同族会社で妻が役員になっている場合などでは、ほかに所得がない場合、妻の年間役員給与は850万円未満であれば、遺族年金の受給権があります。

Advice　プロからのアドバイス

死亡時の前年所得で判定

　夫の死亡後に妻が社長に就任して役員給与が増えたり、事業主になって事業所得が増えて所得基準を上回ったとしても、死亡時の前年所得で判定されますので受給できます。この場合の所得金額は、「合計所得金額」によって判定することとされています（「生計維持関係の認定基準及び認定の取扱いについて」（平成23年3月23日／年発0323第1号／日本年金機構理事長あて厚生労働省年金局長通知））。

QUESTION 2-2

国民健康保険の保険料（所得割）

　国民健康保険の保険料を確認したいのですが、住んでいる地域によって金額が違うと耳にしました。私の住んでいる大阪市の場合は、どのような方法で算定されるのでしょうか。

ANSWER ポイント

- ●国民健康保険は、市区町村ごとに運営され、市区町村ごとに保険料も異なっています。
- ●国民健康保険料は、世帯の前年度の所得等によって計算されます。

解説

世帯単位で計算

　国民健康保険は、市区町村ごとに運営され、保険料も異なっています。国民健康保険料は、前年度の所得等によって計算されます。

　国民健康保険料は、医療分保険料、後期高齢者支援金分保険料、介護分保険料(40歳以上65歳未満)の合計額で、健康保険加入者の人数と所得金額をもとに「世帯単位」で計算されます。

保険料（所得割）は算定基礎所得金額で判定

　大阪市の国民健康保険料の所得割額は、算定基礎所得金額に税率を乗じて計算します。算定基礎所得金額は、「前年中総所得金額等－33万円」となっています。

　総所得金額等とは、総所得金額、申告分離課税の所得金額及び山林所得金額の合計額をいいます。なお、退職所得金額はここには含まれません。また、申告分離の短期・長期譲渡所得の金額(土地建物等の譲渡所得金額)については、特別控除後の金額となります。事業専従者控除額がある場合の事業所得

は、控除後の所得となります。青色事業専従者給与額は必要経費へ算入します。雑損失の繰越控除は適用前の金額となります。

　後期高齢者医療保険料の所得割額の算定の際の所得と同じです。

■ 大阪市の場合の健康保険料の算定方法

・加入者（被保険者）の中に40〜64歳の方のいる世帯……①＋②＋③の合計額

・加入者（被保険者）の中に40〜64歳の方のいない世帯……①＋②の合計額

① 医療分保険料……全ての世帯にかかります。

平等割		均等割		所得割		年間保険料
1世帯当たり 29,376円	＋	被保険者数 ×24,372円	＋	算定基礎 所得金額※ × 8.06%	＝	〔最高限度額61万円〕

② 後期高齢者支援金分保険料……全ての世帯にかかります。

平等割		均等割		所得割		年間保険料
1世帯当たり 9,892円	＋	被保険者数 ×8,207円	＋	算定基礎 所得金額※ × 2.78%	＝	〔最高限度額19万円〕

③ 介護分保険料……被保険者の中に40歳から64歳の方（介護保険第2号被保険者）がいる世帯にのみかかります。

平等割		均等割		所得割		年間保険料
1世帯当たり 4,424円	＋	介護保険第2号被保険者数 ×13,396円	＋	算定基礎 所得金額※ × 2.62%	＝	〔最高限度額16万円〕

※　算定基礎所得金額については次のとおり計算します。
　　算定基礎所得金額＝前年中総所得金額等－33万円
　　世帯の所得割は、被保険者（介護分保険料の所得割は介護保険第2号被保険者）ごとに計算した所得割の合計額となります。

後期高齢者医療制度における保険料の軽減

　私は、まもなく75歳になるのですが、75歳になると後期高齢者医療制度の被保険者になり、一定の世帯所得であれば、保険料が軽減される制度があると聞きました。私が住んでいる大阪府の場合は、どのような判定の基準となっているのでしょうか。

ANSWER ポイント

● 後期高齢者医療制度は、75歳以上の高齢者を対象とした保険システムです。
● 国民健康保険とは異なり、被保険者一人ひとりに対して保険料を計算します。
● 世帯所得が一定の基準以下であれば、保険料の均等割額が軽減されます。

解　説

後期高齢者医療制度とは

　後期高齢者医療制度は、平成20年4月からスタートした医療制度で、75歳以上の高齢者を「後期高齢者」と呼称し、一定の対象者として独立させて、新しい保険システムのもとに組み入れるものです（ちなみに65歳以上75歳未満の高齢者は「前期高齢者」に分類されています。）。

　ただし、65歳以上75歳未満でも、「寝たきり等の一定の障害がある」と広域連合から認定された方は、原則としてこの後期高齢者医療制度の被保険者となります。

被保険者一人ひとりに対して保険料を計算

　後期高齢者医療制度では、世帯単位で保険料が計算される国民健康保険とは異なり、介護保険と同様に被保険者一人ひとりに対して保険料を計算します（ただし、「生活保護受給者」は被保険者からは除かれることになっています。）。

保険料の計算方法

　後期高齢者医療保険料は、各都道府県の広域連合によって計算方法が異なります。ご質問の大阪府の場合は、次のような計算方法とされています。

[例]令和2年度〜令和3年度・大阪府の場合

所得割額　＋　均等割額　＝　保険料額　（限度額64万円）	
所得割額	賦課のもととなる所得金額等※　×10.52%
均等割額	被保険者　1人あたり　54,111円

※　算定基礎所得金額

低所得者等に対する保険料の軽減制度

　所得の低い方には、保険料の軽減措置が適用されます。

　軽減対象となる方の判定は、広域連合が市区町村から提供された所得情報に基づいて行いますので、被保険者からの申請は不要です。

　ただし、所得情報がない場合は判定ができないので、区役所保険年金業務担当への所得申告等が必要です。

　大阪府の場合、世帯の所得水準に応じて保険料の均等割額（54,111円）が軽減されます。

　同じ世帯内の被保険者および世帯主の総所得金額等の合計が次の場合、所得に応じた割合で均等割額が軽減されます。

軽減割合	世帯（同一世帯内の被保険者と世帯主）の総所得金額等の合計
7割	下欄の7.75割に属する被保険者であり、かつ、世帯内の被保険者全員の各所得が0円であるとき （ただし、公的年金等控除額は80万円として計算します。）
7.75割	基礎控除額（33万円）以下の世帯
5割	基礎控除額（33万円）＋28.5万円×被保険者数以下
2割	基礎控除額（33万円）＋52万円×被保険者数以下

※　軽減判定するときの総所得金額等には、専従者控除、譲渡所得の特別控除の税法上の規定は適用されません。

QUESTION 2-4

後期高齢者医療制度における医療費の窓口負担割合

私は、まもなく75歳になるのですが、75歳を過ぎると医療費の窓口負担割合が半分に減ると聞きました。一方で、もし一定の収入基準を超えると一気に3倍に増えることもあると聞きましたが、これは本当でしょうか。

また、私は老後の趣味が株の売買で、毎年欠かさず確定申告をしていますが、確定申告書に記載する収入と、医療費の窓口負担の割合を判定する場合の収入額とは、同じものなのでしょうか。

ANSWER ポイント

● 後期高齢者医療制度における医療費の窓口負担割合は、1割が原則とされています。ただし、現役並み所得者は3割の負担となります。
● 現役並み所得者は、住民税の課税所得金額又は収入金額で判定されます。
● 上場株式等の売却による譲渡損失の繰越控除が、医療費の窓口負担割合に影響を及ぼす場合がありますので、注意してください。

解説

現役並み所得者と窓口負担割合

現役並み所得者とは、当該被保険者又は同一世帯の他の後期高齢者医療制度の被保険者の市町村民税による課税対象となる所得が145万円以上であって、当該被保険者及び同一世帯の他の後期高齢者医療制度の被保険者（その世帯に他の被保険者がおらず、70歳以上75歳未満の者がいる場合はその者）の収入の合計が520万円以上（単身世帯の場合は383万円以上）の者をいいます。

申請により1割負担となる場合がある

　同一世帯に住民税課税所得145万円以上の後期高齢者医療制度の被保険者がいれば、この被保険者と同じ世帯に属する被保険者は、すべて現役並み所得者となり、自己負担割合は3割となります。ただし、住民税課税所得145万円以上でも収入額（年金・給与等収入合計）が次の金額に満たない方は、お住まいの市（区）町の担当窓口へ申請することにより1割負担となります。

> ①　同一世帯に後期高齢者医療制度の被保険者が1人の場合には、その方の収入額が383万円未満のとき
> ②　同一世帯に後期高齢者医療制度の被保険者が2人以上いる場合には、その収入合計額が520万円未満のとき
> ③　同一世帯に後期高齢者医療制度の被保険者が1人で、かつ、70歳以上75歳未満の方が他にいる場合には、その収入合計額が520万円未満のとき

毎年8月に判定される

　毎年8月に、住民税課税所得と前年（1〜7月は前々年）の収入により定期的な判定を行い、判定後に所得更正（修正）があった場合は、8月1日に遡って再判定します。また、世帯状況の移動があった場合は、随時、再判定を行い、一部負担金の割合が変わる場合は、原則、異動のあった翌月の初日から適用されます。

■ 医療費の一部負担（自己負担）割合について

> それぞれの年齢層における一部負担（自己負担）割合は、以下のとおりです。
> ・75歳以上の者は、1割（現役並み所得者は3割。）。
> ・70歳から74歳までの者は、2割（現役並み所得者は3割。）。
> ・70歳未満の者は3割。6歳（義務教育就学前）未満の者は2割。

	一般・低所得者		現役並み所得者
75歳	1割負担		3割負担
70歳	2割負担		
	3割負担		
6歳 （義務教育就学後）	2割負担		

自己負担 割合	区　分	判定基準
3割 又は 1割	現役並み 所得者	住民税の課税所得が145万円以上の後期高齢者医療制度の被保険者とその人と同一世帯にいる被保険者の方 　ただし、次に該当する場合は、市町村の窓口へ申請し認定を受けると1割負担となります。 ・同一世帯に被保険者が1人のみの場合で、被保険者本人の収入の額が383万円未満のとき ・同一世帯に被保険者が2人以上いる場合で、被保険者の収入の合計額が520万円未満のとき
1割 又は 2割	一般	現役並み所得者、住民税非課税世帯以外の人
	住民税 非課税世帯	世帯全員が住民税非課税である人等

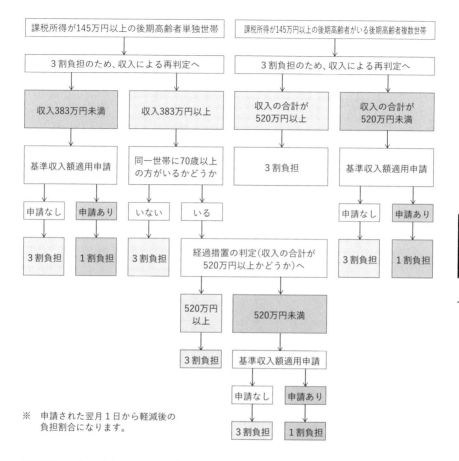

※ 申請された翌月1日から軽減後の
　負担割合になります。

医療費の窓口負担における収入額

　医療費の窓口負担における収入額とは、年金収入がある場合は公的年金等控除をする前、かつ社会保険料や医療費などの所得控除をする前の金額をいい、その他の収入（不動産・事業・一時・譲渡等）がある場合には、必要経費や特別控除を引く前、そして所得控除をする前の金額のことをいいます。

上場株式等の売却による譲渡損失の繰越控除に注意

　上場株式等を金融商品取引業者等を通じて売却したこと等により生じた損失（以下「上場株式等に係る譲渡損失」といいます。）の金額がある場合は、確定申告により、その年分の上場株式等に係る配当所得の金額（申告分離課税を選択した場合に限ります。以下同じです。）と損益通算ができます。また、損益通算してもなお控除しきれない損失の金額については、翌年以降3年間にわたり、確定申告により株式等に係る譲渡所得等の金額及び上場株式等に係る配当所得の金額から繰越控除することができます。

※　上場株式等に係る譲渡損失の繰越控除については、まず株式等に係る譲渡所得等の金額から控除し、なお控除しきれない損失の金額があるときは、上場株式等に係る配当所得の金額から控除します。

　医療費の負担割合における「現役並みの所得者」の判定は、上場株式等に係る譲渡所得の金額が損失であっても、譲渡収入金額で判定することとされています。そのため、確定申告することによって、医療費負担が1割から3割に上がってしまうことになる可能性が考えられますので、注意が必要となります。

【設例】

　1.　家族構成

　　父（76歳）

　　母（専業主婦・72歳）

　2.　父の収入等

　　公的年金480万円

　　特定口座でA株式を譲渡

　　（譲渡収入金額300万円・取得費等420万円）

　　住民税の所得控除額180万円

【現役並み所得者の判定】

① 住民税の課税所得の判定

4,800,000円×85％－785,000円＝3,295,000円

※ 年金の控除額等は、令和３年分以後合計所得金額によって異なることになります。

3,295,000円－1,800,000円＝1,495,000円＞1,450,000円

② 収入金額の判定

（Ａ株式の譲渡損失の繰越控除について確定申告をしない場合）

4,800,000円＜5,200,000円

∴基準収入額適用申請をすることで医療費の窓口負担は**１割負担**となる。

③ 収入金額の判定

（Ａ株式の譲渡損失の繰越控除について確定申告をする場合）

4,800,000円＋3,000,000円＝7,800,000円≧5,200,000円

∴現役並み所得者と判定され、医療費の窓口負担は**３割負担**となる。

QUESTION 2-5

高額療養費

　先日、持病が悪化して大きな外科手術を受けました。高額な医療費を支払ったので、高額療養費が支給されると聞いているのですが、所得に応じて支給される金額が違うそうです。私が住んでいる大阪府の場合は、どのような支給額の基準となっているのでしょうか。

ANSWER ポイント

● 1か月の医療費の自己負担額が高額になったときは、自己負担限度額を超えた額が高額療養費として支給されます。

● 自己負担限度額は、住民税の課税所得金額又は算定基礎所得金額に基づく所得区分で判定されます。

解説

高額療養費とは

　1か月の医療費の自己負担額(一部負担金)が高額になったとき、自己負担限度額を超えた額が高額療養費として支給されます。

　ご相談の大阪府の国民健康保険の場合、①70歳未満の被保険者のみの世帯(後期高齢者医療制度加入対象者を除きます。)は、次のような計算ルールに従って、医療機関に支払った医療費の自己負担額(一部負担金)が表1の区分を超えるとき、その超えた額が高額療養費として支給されます。

　②70歳以上75歳未満の被保険者のみの世帯(後期高齢者医療制度加入対象者を除きます。)は、表2の区分とされます。

■ 高額療養費の計算ルール

① 暦月ごとに計算します。（月をまたがったものは、月ごとに計算します。）

② 同じ医療機関ごとに計算します。

　※　同じ医療機関でも、医科と歯科はそれぞれ別に計算します。
　※　旧総合病院の指定を受けている医療機関では、各診療科ごとに別に計算します。
　※　保険薬局での自己負担額は処方せんを交付した医療機関と合算して計算します。

③ 同じ医療機関でも、入院と通院は別に計算します。

④ 入院時の食事療養標準負担額や生活療養標準負担額、保険診療対象外の差額ベッド代等は計算されません。

⑤ ①から④までのルールで計算した結果、同一世帯で同じ月に、1人21,000円以上の自己負担額（一部負担金）がある場合、その額を合算します。

　自己負担限度額は、次の表のとおり、住民税の課税所得金額又は算定基礎所得金額に基づく所得区分で判定されます。

　なお、同じ世帯に前述の①と②の被保険者がいる世帯の場合は、まず、表2で70歳以上75歳未満の被保険者について払い戻し額を計算し、なお合算対象となる一部負担金がある場合には、70歳未満の被保険者の合算対象となる一部負担金と合算して、表1の限度額を適用し、その超えた額が払い戻されます。

■ 表1　70歳未満の被保険者のみの世帯

(70歳未満の入院等に係る窓口での自己負担限度額はこの表が適用されます。)

所得要件	自己負担限度額	多数該当※3
年間所得※1901万円超	252,600円＋(総医療費－842,000円)×1%	140,100円
年間所得600万円超　901万円以下	167,400円＋(総医療費－558,000円)×1%	93,000円
年間所得210万円超　600万円以下	80,100円＋(総医療費－267,000円)×1%	44,400円
年間所得210万円以下	57,600円	44,400円
住民税非課税※2	35,400円	24,600円

※1　年間所得：旧ただし書所得(前年度の総所得金額及び山林所得金額並びに株式・長期(短期)譲渡所得金額等の合計額から基礎控除(33万円)を控除した額(ただし、雑損失の繰り越し控除額は控除しません。))

※2　住民税非課税：同一世帯の世帯主とすべての国保被保険者が住民税非課税の人

※3　多数該当：直近12か月の間に、同じ世帯で高額療養費の支払いが4回以上あった場合に該当

■ 表2　70歳以上75歳未満の被保険者のみの世帯

(70歳以上の方には、外来だけの上限額も設けられています。)

区分	外来の場合の自己負担限度額 (個人ごと)	入院の場合の世帯単位の自己負担限度額	多数該当※4
課税所得690万円以上	252,600円＋(医療費の総額－842,000円)×1%	同左	140,100円
課税所得380万円以上690万円未満	167,400円＋(医療費の総額－558,000円)×1%	同左	93,000円
課税所得145万円以上380万円未満	80,100円＋(医療費の総額－267,000円)×1%	同左	44,400円
一般	18,000円【年間上限額※3144,000円】	57,600円	44,400円
住民税非課税2※1	8,000円	24,600円	なし
住民税非課税1※2	8,000円	15,000円	なし

※1　住民税非課税2：住民税非課税の世帯に属する人

※2　住民税非課税1：住民税非課税の世帯で、世帯員の所得が一定基準に満たない人

※3　年間上限額：1年間(毎年8月から翌年7月末)の医療費の自己負担限度額

※4　多数該当：直近12か月の間に、同じ世帯で高額療養費の支払いが4回以上あった場合に該当

QUESTION 2-6

高額医療・高額介護合算療養費

　先日、私はガンの摘出手術を受けました。妻が介護保険サービスを利用していることもあり、医療費と介護費の大きな負担が重なっていたところ、高額医療・高額介護合算療養費という支援制度があると友人から聞きました。この制度は所得に応じて支給される金額が違うそうですが、どのような支給額の基準となっているのでしょうか。

ANSWER　ポイント

- ●医療費と介護費が高額になったときは、申請により自己負担限度額を超えた分が高額医療・高額介護合算療養費として支給されます。
- ●自己負担限度額は、算定基礎所得金額又は住民税の課税所得金額に基づく所得区分で判定されます。

解説

高額医療・高額介護合算療養費制度とは

　高額医療・高額介護合算療養費制度は、「医療保険」と「介護保険」の両方のサービスを利用している世帯の負担を軽減するため、1年間（毎年8月から翌年7月末）に支払った各保険制度の自己負担額の合計が基準額（次の表を参照）を超えた場合、支給申請をすることにより、その超えた額が支給されるものです。

　なお、医療保険又は介護保険のいずれかに係る自己負担額が0円の場合は、対象となりませんのでご注意ください。また、70歳未満の人の医療費は、月額21,000円以上の自己負担額のみが対象とされます。

■表1　被用者保険又は国民健康保険（70歳から74歳までの方がいない世帯）＋介護保険

所得要件	限度額
年間所得^{※1}901万円超	2,120,000円
年間所得600万円超901万円以下	1,410,000円
年間所得210万円超600万円以下	670,000円
年間所得210万円以下	600,000円
市町村民税非課税^{※2}	340,000円

■表2　被用者保険又は国民健康保険（70歳から74歳の方がいる世帯）＋介護保険

所得要件	限度額
課税所得690万円以上	2,120,000円
課税所得380万円以上690万円未満	1,410,000円
課税所得145万円以上380万円未満	670,000円
課税所得145万円未満	560,000円
住民税非課税	310,000円
市町村民税世帯非課税（所得が一定以下）	190,000円

■表3　後期高齢者医療制度＋介護保険

所得要件	限度額
課税所得145万円以上	670,000円
課税所得145万円未満	560,000円
住民税非課税	310,000円
市町村民税非課税（所得が一定以下）	190,000円

※1　年間所得：旧ただし書き所得（前年度の総所得金額及び山林所得金額並びに株式・長期（短期）譲渡所得金額等の合計額から基礎控除（33万円）を控除した額（ただし、雑損失の繰り越し控除額は控除しません。）

※2　市町村民税非課税：同一世帯の世帯主とすべての国保被保険者が住民税非課税の人

Q UESTION 2-7

介護保険料

　私は、まもなく65歳になるのですが、65歳を過ぎると介護保険料の計算方法が大きく変わると聞きました。私が住む大阪市の場合は、どのような基準で介護保険料が決まるのでしょうか。

A NSWER ポイント

●介護保険料の計算方法は、第1号被保険者（65歳以上の人）と、第2号被保険者（40歳〜64歳の人で医療保険加入者）に区分されます。
●65歳以上の人は、合計所得金額等に基づき、介護保険料が設定されます。

解説

介護保険制度とは

　介護保険制度とは、40歳以上の人が被保険者となって保険料を納め、介護や支援が必要になった時に、要介護（要支援）認定を受け、利用料等を負担して介護保険サービスの提供を受けるしくみです。市区町村が保険者となって介護保険制度を運営しています。

保険者は年齢等で2つに区分される

　介護保険制度は、寝たきり・認知症などの高齢者が増加する中で、「介護」の負担を社会全体でささえあうことを目的に平成12年4月に施行されました。介護保険料は、第1号被保険者（65歳以上の人）か、第2号被保険者（40歳〜64歳の人で医療保険加入者）に区分し、徴収されます。

65歳以上の人の保険料の徴収方法

　ご質問の大阪市の場合、徴収方法（特別徴収）は４月、６月及び８月は、仮徴収により前年度の２月分と同額の保険料（仮徴収額）とし、10月、12月及び２月については、（年税額－上記仮徴収額）×1／3（本算定税額）として、徴収することとされています。なお、介護保険の制度は全国共通ですが、保険料の仮徴収方法は市町村で異なります。

　特別徴収とは、老齢、退職年金や障害年金や遺族年金を１年間に18万円以上もらっている人が対象で、年金からの天引きにより徴収が行われます。一方、普通徴収とは、特別徴収の条件に当てはまらない人、または年度の途中で65歳になった人が対象となり、納付書か口座振替にて徴収が行われます。年度の途中で65歳になった人は特別徴収開始日まで普通徴収が行われます。

介護保険料は合計所得金額等により段階的に設定

　介護保険料の額は、合計所得金額等により段階的に設定されています。ご質問の大阪市の場合、介護保険料の額（第１号被保険者に適用される保険料）は、本人及び世帯の市町村民税の課税状況や合計所得金額等により次の表のように設定されています。

■ 平成30年度〜令和2年度・介護保険料（年額）の計算方法

基準となる月額保険料7,927円 × 12月 ＝ 年額95,124円（基準額）

基準額（95,124円）（年額） × 所得に応じた割合（0.35〜2.00）

保険料段階	対象者		平成30年度		令和元年度		令和2年度	
			割合	年額	割合	年額	割合	年額
第1段階	○老齢福祉年金の受給者で、本人及び世帯員全員が市町村民税非課税の方 ○生活保護の受給者		0.50	47,562円	0.425	40,428円	0.35	33,294円
第2段階	本人が市町村民税非課税	本人の合計所得金額等※＋公的年金等収入額が80万円以下の方	0.50	47,562円	0.425	40,428円	0.35	33,294円
第3段階		本人の合計所得金額等※＋公的年金等収入額が120万円以下の方	0.65	61,831円	0.575	54,697円	0.50	47,562円
第4段階	同じ世帯にいる方全員が市町村民税非課税	第2段階・第3段階以外の方	0.75	71,343円	0.725	68,965円	0.70	66,587円
第5段階	同じ世帯に市町村民税課税者がいる方	本人の合計所得金額等※＋公的年金等収入額が80万円以下の方	0.85	80,856円	0.85	80,856円	0.85	80,856円
第6段階		第5段階以外の方	1.00	95,124円	1.00	95,124円	1.00	95,124円
第7段階	本人が市町村民税課税	本人の合計所得金額が125万円以下の方	1.10	104,637円	1.10	104,637円	1.10	104,637円
第8段階		本人の合計所得金額が125万円を超え200万円未満の方	1.25	118,905円	1.25	118,905円	1.25	118,905円
第9段階		本人の合計所得金額が200万円以上400万円未満の方	1.50	142,686円	1.50	142,686円	1.50	142,686円
第10段階		本人の合計所得金額が400万円以上700万円未満の方	1.75	166,467円	1.75	166,467円	1.75	166,467円
第11段階		本人の合計所得金額が700万円以上の方	2.00	190,248円	2.00	190,248円	2.00	190,248円

※ 合計所得金額から公的年金等の所得金額を控除した額

第3章

2

社会保障給付等における所得や収入の基準

QUESTION 2-8

介護保険利用者負担割合

　妻が70歳を過ぎ、介護が必要となりました。要支援の認定を受けて、介護保険負担割合証の交付を受けました。医療費などと同様に介護保険を利用する際にも、所得に応じて負担割合が決まっていると聞きましたが、どのような基準なのでしょうか。

ANSWER ポイント

- ●介護保険利用者の負担割合は、1割・2割・3割の3段階があります。
- ●介護保険利用者負担割合は、合計所得金額で判定されます。

解説

介護保険負担割合証が交付される

　要支援・要介護の認定を受けている被保険者の方全員に、各自の負担割合（1割、2割または3割）を記載した「介護保険負担割合証」が交付されます。介護サービスを利用される際には、「介護保険被保険者証」と併せてサービス事業所に提示します。利用者負担割合の要件は、次の表のとおりです。

■ 介護保険の利用者負担割合の判定基準（第1号被保険者65歳以上）

本人の合計所得金額が220万円以上	年金収入＋その他の合計所得金額の合計額が単身世帯で340万円以上、または2人以上世帯で463万円以上	3割
	年金収入＋その他の合計所得金額の合計額が単身世帯で280万円以上340万円未満、または2人以上世帯で346万円以上463万円未満	2割
	年金収入＋その他の合計所得金額の合計額が単身世帯で280万円未満、または2人以上世帯で346万円未満	1割
本人の合計所得金額が160万円以上220万円未満	年金収入＋その他の合計所得金額の合計額が単身世帯で280万円以上、または2人以上世帯で346万円以上	2割
	年金収入＋その他の合計所得金額の合計額が単身世帯で280万円未満、または2人以上世帯で346万円未満	1割
本人の合計所得金額が160万円未満		1割

※　第2号被保険者（40歳以上65歳未満）、市町村民税非課税、生活保護受給者は上記にかかわらず1割負担。

QUESTION 2-9

介護保険サービス等の利用者負担の軽減

　私の叔父は、事業を廃業し現在はほとんど収入がありません。将来、介護が必要となったときに、介護保険サービスの利用料が自分で負担できるのか心配です。収入が少ない方を対象とした介護保険サービスの支援制度はありますか。

ANSWER ポイント

● **市町村民税非課税世帯などであれば、市区町村に申請することで介護保険サービスの利用者負担額に上限を設ける制度を利用することができます。**
● **これらの支援制度の利用者負担額の上限は、世帯の住民税の課税所得金額等で判定されます。**

解説

① 介護保険負担限度額認定制度

　介護保険施設(介護老人福祉施設・介護老人保健施設・介護療養型医療施設・介護医療院)に入院または入所した場合や短期入所サービス(ショートステイ)を利用した場合、食費・居住費(滞在費・宿泊費)については利用者負担が発生しますが、市民税非課税世帯の低所得者の方についてはサービス利用が困難にならないように１日あたりの負担限度額を設定し、施設に対しては負担上限額までを支払い、超えた額は利用者に代わって市区町村が施設に直接支払うことにより負担が軽減されます。

　次の表の利用者負担段階の１・２・３段階に該当する被保険者の方は、介護保険サービス利用の際はお住まいの市区町村に申請して「負担限度額認定証」の交付を受けて、サービス利用前に施設へ提示します。

■ 介護保険負担限度額認定制度における利用者負担段階

利用者負担段階	
第4段階	第1段階〜第3段階以外の方（世帯課税）
第3段階	世帯全員が市町村民税非課税で、第2段階以外の方
第2段階	世帯全員が市町村民税非課税で、本人の合計所得金額と課税年金収入額と非課税年金収入額（遺族年金、障害年金など）の合計金額が80万円以下の方
第1段階	・老齢福祉年金受給者で世帯全員が市町村民税非課税の方 ・生活保護受給者

※ 第1段階から第3段階の方について、基準費用額（1日あたり377円〜2,006円）から負担限度額（段階に応じて1日あたり0円〜1,310円）を差し引いた分が市区町村から施設に支払われます。

■ 負担限度額認定書交付対象者

　負担限度額認定書の交付対象者は次の要件のいずれにも該当する方とされています。

（1）配偶者の所得の勘案

　申請された被保険者と同一の世帯に属さない配偶者についても、市町村民税非課税であること（世帯分離をしている場合や事実婚も含みます。）。

（2）預貯金等の勘案

　預貯金等の資産が単身で1,000万円、夫婦で2,000万円以下であること。なお、預貯金等の範囲とは、①預貯金（普通・定期）、②有価証券（株式・国債・地方債・社債など）、③金や銀など購入先の口座残高によって時価評価額が容易に把握できる貴金属、④投資信託、⑤タンス預金、⑥負債（借入金・住宅ローンなど）となっています。なお、負債については、資産の合計額から控除する取扱いとなります。

介護保険負担限度額認定証の交付を受けられない場合には、介護サービスを受けるときの食費、居住費などの利用費は、世帯課税で対象外となり負担限度額なし（施設との契約額を支払う）となります。

② 介護保険高額介護（介護予防）サービス費

介護保険サービス及び総合事業のサービスにかかった費用の1割、2割又は3割は利用者負担ですが、その利用者負担が一定の上限金額を超えた場合については、市区町村の介護保険の窓口で申請することにより、上限金額を超えた額が高額介護（介護予防）サービス費として支給されます。

なお、高額介護サービス費等の支給申請については、一度申請をすると次回からは手続きを行わなくても、1か月に一定の上限金額（下表参照）を超えた利用者負担がある月においては、自動的に計算し支給されます。

■ 高額介護サービス費等の利用者負担段階と利用者負担上限額（月額）

利用者負担段階区分	利用者負担上限額（月額）
【現役並み所得相当】 市町村民税課税世帯で、課税所得145万円以上の第1号被保険者（65歳以上）がいる世帯	44,400円（世帯）
【一般世帯】 市町村民税課税世帯（現役並み所得相当を除く。）	44,400円（世帯）
市町村民税非課税世帯 全員が市町村民税を課税されていない世帯	24,600円（世帯）
・本人の合計所得金額と課税年金収入額の合計金額が80万円以下の方 ・老齢福祉年金受給者の方	15,000円（個人）
生活保護を受給している方	15,000円（個人）

③ 高額医療・高額介護合算療養費

高額医療・高額介護合算療養費については、219ページを参照ください。

Column

コラム
21
老後生活にはいくらお金がかかるか

生活保障に関する調査（生命保険文化センター調べ：令和元年12月）によると老後生活資金等について、以下のように報告しています。

① 夫婦2人で老後生活を送る上で必要と考えられている最低日常生活費は、平均額は月額で22.1万円、世帯年収別では、年収が高くなるほど平均額も高くなっており、特に世帯年収1,000万円以上では26.1万円となっている。

② 経済的にゆとりのある老後生活を送るための費用として、老後の最低日常生活費以外に必要と考えられている金額は、平均は月額で14.0万円（世帯年収1,000万円以上で15.5万円）となった。

③ 老後の日常生活費をまかなう上での公的年金でかなりの部分を「まかなえるとは思わない」人は78.7％となっている。

④ 老後資金の使用開始年齢の平均は65.9歳、年齢の分布をみると、「65歳」が39.7％と最も多く、次いで「70歳」（20.9％）、「60歳」（14.4％）の順となっている。

⑤　老後の生活資金をまかなう手段として、「公的年金」が86.7％と
最も高く、以下「預貯金」(69.6％)、「企業年金・退職金」(41.9％)、
「個人年金保険」(33.4％)となっている。

　以上の報告書から、ゆとりある老後生活を過ごすためには、36.1万
円(22.1万円＋14万円)が必要で、65歳から老後資金の取り崩しを開始
し、90歳で死亡すると仮定し、公的年金(厚生年金)だけの収入の場合、
毎月14万円(36.1万円－22.1万円)不足することになります。
　ゆとりある老後生活を過ごすためには、単純計算で14万円/月×
300か月(余命月数)＝4,200万円が必要となります。

　平成31年度の年金額(平成31年１月18日発表：厚生労働省「平成
31年度の年金額改定について」)については、以下のようになって
います。
・国民年金(老齢基礎年金(満額)１人分)
　65,008円
・厚生年金(夫婦２人分の老齢基礎年金を含む標準的な年金額)
　221,504円

3 | 高齢者の確定申告

QUESTION 3-1

確定申告不要制度

　私は年金収入だけで生活しているのですが、一定額以下の公的年金だけの収入である場合は、確定申告不要制度が設けられていると聞きました。具体的には、どのような制度なのでしょうか。

ANSWER ポイント

●公的年金等の収入金額が400万円以下で一定の方の場合は、確定申告不要制度があります。
●所得税の還付を受けるためには、確定申告書を提出する必要があります。

解説

確定申告不要制度とは

　公的年金等の収入金額の合計額が400万円以下で一定の方の場合は、年金受給者の方の申告手続きの負担を減らすために、確定申告不要制度が設けられています。

　ただし、無年金者の方が確定申告または住民税申告をしていないときは、住民税未申告者の扱いとなり、不利な取扱いがありますので注意が必要です（233ページ参照）。

公的年金等の収入金額が400万円以下の方が対象

　公的年金等の収入金額が400万円以下※で、かつ、公的年金等に係る雑所得以外の所得金額が20万円以下である場合には、所得税及び復興特別所得税の確定申告をする必要はありません。

※　複数から受給されている場合は、その合計額です。

還付を受けるためには申告が必要

この場合であっても、所得税及び復興特別所得税の還付を受けるためには、確定申告書を提出する必要があります。

公的年金等に係る雑所得以外の所得があり、その所得金額が20万円以下で所得税及び復興特別所得税の確定申告の必要がない場合であっても、公的年金等に係る雑所得以外の所得があれば、20万円以下でも住民税の申告が必要です。

なお、一定の公的年金だけの収入で確定申告が不要な方でも、医療費控除、生命保険料控除、地震保険料控除、寄附金税額控除、配偶者特別控除、社会保険料控除（公的年金から引かれていない分）等については、公的年金の源泉徴収計算には反映されていませんので、確定申告をすることによってそれらの所得控除を申告し、源泉徴収されている所得税の還付を受けることができることもあります。

※ 公的年金等について所得税が源泉徴収されていない場合に、所得税の申告を行うと所得税が納税となるケースもあります。その場合、所得税の確定申告不要制度を利用し、住民税だけの申告にすることもできます。

【設例】

●令和2年分(70歳)

- ・公的年金等の年収：160万円(公的年金等に係る雑所得：所得税50万円、住民税40万円)
- ・源泉徴収税額　　：　　0円
- ・その他の雑所得　：20万円
- ・医療費控除額　　：　7万円
- ・社会保険料控除額：10万円(うち、公的年金から控除されていない金額5万円)

	所得税	住民税	
		申告なし	申告あり
公的年金(雑所得)	50万円	40万円	40万円
その他の雑所得	20万円	20万円	20万円
所得金額	70万円	60万円	60万円
医療費控除	7万円		7万円
社会保険料控除	10万円	5万円	10万円
基礎控除	48万円	33万円	33万円
所得控除額合計	65万円	38万円	50万円
納付税額	**2,500円**	**22,000円**	**10,000円**

　以上の設例の場合には、所得税の確定申告は不要制度を選択し、住民税の申告だけを行うことが有利になります。

QUESTION 3-2

無年金者と確定申告

　私は無年金で所得も少ないため、所得税の確定申告も住民税の申告もしていません。そんな私でも低所得者を支援する社会保障制度の利用にあたっての不都合はないでしょうか。

ANSWER ポイント

● 無年金者で所得が少ない場合に、所得税の確定申告も住民税の申告もしていないと、住民税未申告者の扱いとなります。
● 住民税の未申告者扱いの場合、各社会保障制度の判定において、不利益な取扱いを受ける場合がありますので注意しましょう。

解説

所得税や住民税の申告をしていないと住民税未申告者となる

　無年金者で所得が少ないことから、所得税の確定申告も住民税の申告もしていない場合は、住民税未申告者の扱いとなります。

　住民税の未申告者扱いの場合、次のような社会保障制度において、不利益な取扱いを受ける場合がありますので注意しましょう。

---

① 後期高齢者医療制度

　保険料の算定のため、市・県民税の申告が必要です。申告することで、保険料の減額や低所得区分の認定を受けられる場合があります。

　なお、後期高齢者医療の低所得区分の判定は、世帯単位となりますので、同じ世帯に未申告の方がいる場合はその者の申告も必要です。

② 国民健康保険

　保険料の軽減は、前年の所得から判定します。国民健康保険加入者で確定申告や住民税申告がされておらず、所得のわからない「未申告」の方が世帯の中に一人でもいると、軽減の判定がされません。

③ 介護保険

　保険料の算定では、住民税未申告の方は、自動的に高い方の介護保険料が算定されることになります。

　これまで未申告であった方については、確定申告をして一定の基準を満たせば、低い方の介護保険料が算定されます。

④ 高額療養費及び高額医療・高額介護合算療養費

　それぞれの自己負担限度額は、住民税の課税状況や所得合算により区分されていて、住民税の申告が未申告の人及びその人と同一世帯の方は、所得区分の最も高い区分とされます。

　なお、低年金者の場合は、日本年金機構等の年金支払者が「公的年金等支払報告書」を、年金受給者の市町村に提出されますので、市町村はその報告書によって所得が把握され、未申告扱いとはなりません。

　そのため、公的年金の無年金者などで、民間保険会社の個人年金だけの場合は、申告しなければ未申告扱いになります。

Column

コラム

22

株式や配当などの確定申告と
後期高齢者医療保険料

　源泉徴収を選択した特定口座内の上場株式等の譲渡所得等(特定株式等譲渡所得金額)や、住民税が源泉徴収されている上場株式等の配当所得(特定配当等)は、確定申告をする必要がないこととされています(申告不要制度)。

　確定申告をしない(申告不要制度を選択する)場合、これらの所得は、後期高齢者医療保険料(以下「保険料」といいます。)の算定対象となる所得には含まれません。

　しかし、繰越損失や損益通算、各種控除等の適用を受けるため等の理由で確定申告をした(総合課税・申告分離課税を選択した)場合は、これらの所得についても、給与や公的年金などの他の所得とともに、保険料の算定対象に含まれることになります。

　ただし、後期高齢者医療保険料は住民税の課税の取扱いに準ずるため、確定申告をして上場株式等の譲渡所得等や上場株式等の配当所得等の所得額が発生する場合であっても、住民税の税額決定通知書・納税通知書が送達される日までに、所得税の確定申告書の提出とは別に、市民税等申告書を提出し、住民税の課税方法として申告不要制度を選択した場合は、保険料の算定対象となる所得には含まれません。

　このように、「所得税は申告分離課税、住民税は申告不要制度を選択

第3章

3

高齢者の確定申告

235

する」等、所得税と住民税とで異なる課税方法を選択することができます。

■ 選択できる課税方式

	所得区分	選択できる課税方式	住民税の税率	住民税における合計所得金額への算入	国民健康保険料等への影響
特定株式等譲渡所得金額に係る所得	譲渡所得等	申告不要	5 ％（株式等譲渡所得割額）	含めない	なし
		申告分離課税	市民税 3 ％・府県民税 2 ％	含める	あり
特定配当等に係る所得	配当所得	申告不要	5 ％（配当割額）	含めない	なし
		総合課税	市民税 6 ％、府県民税 4 ％	含める	あり
		申告分離課税	市民税 3 ％、府県民税 2 ％	含める	あり
	利子所得	申告不要	5 ％（配当割額）	含めない	なし
		申告分離課税	市民税 3 ％、府県民税2％	含める	あり

（出典：水戸市ホームページ）

　なお、個人住民税において、特定配当等及び特定株式等譲渡所得金額に係る所得の全部について源泉分離課税（申告不要）とする場合に、原則として、確定申告書の提出のみで申告手続が完結できるよう、確定申告書における個人住民税に係る附記事項を追加することとする改正が、令和 3 年度の税制改正で行われることになり、令和 3 年分以後の確定申告書を令和 4 年 1 月 1 日以後に提出する場合について適用することとしています。

4 高齢者の老後生活対策

QUESTION 4-1

地域コミュニティへの参加

　定年を機に、自治会に積極的に参加したり、ボランティアを始めて みようと思っています。最近はどのような取組みや事例が増えている のでしょうか。

ANSWER ポイント

● 高齢単身者の「居場所」をつくる動きが 全国で拡がりつつあります。

● 地域コミュニティは、高齢者単身世帯の見守り等が期待されます。

解説

人との「つながり」を持つ

　高齢者にとって、社会参加することは老後資金を浪費することなく、健康 保持に役立ち、介護予防になることが期待できるなど、社会的孤立状態が防 げることで、人との「つながり」を持てる機会づくりになります。

　日々の生活には困っていないが何か緊急の場合に不安を感じるという人、 すでに孤立し日々の「居場所」を求めている人、生命に関わる深刻な問題に 直面している人などには、地域コミュニティは大きな役割を担っています。

「居場所」をつくる動きが全国で拡がっている

　近年、家の中に引きこもっている高齢者に対して、まずは地域との「つながり」を回復するために、高齢者をはじめとした地域の誰でもが気軽に立ち寄って、お茶を飲んだり食事をしながらおしゃべりのできる「居場所」(サロン、居場所、コミュニティ・カフェ、茶の間等と呼ばれています。)をつくる動きが全国で拡がりつつあります。こうした取組みは、「居場所」を確保することそのものが孤独感にさいなまれている高齢者にとって意味を持つだけでなく、そこを訪れた高齢者から、何に困っているのか、何を必要としているのかを聞き出すことができ、その後の対応につなげることができるという意味でも高い意義を持っています。

地域コミュニティは、高齢者単身世帯の見守り等が期待されます

　高齢者の「居場所づくり」の取組みは、これまで自治会や老人クラブなど「地縁」による取組みが主体でしたが、近年は、住む地域にかかわらず参加できる「居場所」が増えてきています。また、高齢者の「見守り」に関しても、民生委員だけでなく、地域住民や学校、企業、NPO等とも協力して取り組む事例が 増えています。地域の中で孤立した人を、地域と結びつけるためには、高齢者の多様な状況やニーズに応えられるよう受け皿を広く用意することが重要であり、地方自治体が地域住民や市民団体、地元企業、NPO等との協力関係を築くことや、市民団体等の主体的な活動を支援していくことが必要であるといわれています。

事例：

　子育て支援ボランティア 地域ぐるみで子どもを育てる「コミュニティ・スクール」（学校運営協議会制度）に指定された三鷹市立第四小学校では、課外のクラブ活動の指導にあたる「きらめきボランティア」など40人ほどの高齢者がボランティアとして活躍しています。

事例：

　コミュニティ・スクール（学校運営協議会制度）特定非営利活動法人「たがやす」（東京都町田市）は、高齢化により担い手不足が深刻化している農家に、草取りや種まき、収穫などの農作業を手伝う「援農ボランティア」を派遣しています。ボランティア会員約100人のうち約7割が60歳以上で、男性が7割を占めています。ここでは、週末も含めて随時、農家とボランティア双方から感想や苦情を聞いて派遣先を調整したり、会員同士の交流も図っています。また、ボランティアに対して、収穫した新鮮な野菜および若干の謝礼金を支払っています。

事例：

　「コミュニティ・スクール」は、年齢にかかわらず参加できるようにした結果、多世代が集まる場になっています。高齢者と若者との交流・支え合いは、若者が我が国の数十年後の社会や地域のあり方を考えるきっかけづくりとなるものであり、また、高齢者と若い世代との連帯を深め、希薄化している地域の絆をすべての世代で再生するという観点からも積極的に進めることが望まれます。

（出典：高齢社会白書（内閣府））

第3章

4

高齢者の老後生活対策

QUESTION 4-2

地域の行政サービスの活用

　介護予防にもなればと思い、先日、友人に誘われて老人福祉センターの楽器講座を受講しました。今度は別の講座にも申し込みたいと思っています。私は大阪市に住んでいますが、老人福祉センター以外にも、このような行政サービスはあるのでしょうか。

ANSWER ポイント

●地域によってさまざまな生活支援や介護予防のサービスが提供されています。

解説

いきいきとした毎日を送る

　一人暮らしの高齢者や高齢者のみ世帯の増加にともない、調理や清掃、買い物などの支援を必要とする高齢者が増えています。高齢者で日常生活上の支援が必要な方が、地域で生きがいを持ちながら、自分らしい生活を継続していくために、地域において、さまざまな生活支援や介護予防のサービスが提供されています。

【例】大阪市の場合（大阪市ホームページより）

①　各区に老人福祉センターが設置

　大阪市在住で、60歳以上の方が無料（一部、有料）で受講できる講座・イベント等があります。老人福祉センターでは、地域の高齢者の皆さんに健康で明るい生活を営んでいただくため、生活相談のほか、各種教養講座や、趣味、生きがいづくり、レクリエーションなどの機会を設けたり、老人クラブへの援助などを行っています。

② 敬老優待乗車証（敬老パス）の利用

　大阪市在住の70歳以上の方であれば、Osaka Metro（オオサカメトロ）の地下鉄・ニュートラムと大阪シティバスの路線バスを1乗車50円で乗車できる「敬老優待乗車証（敬老パス）」が利用できます。ただし、ご本人が、区役所などの窓口で手続きできない方や、大阪市の他の福祉的措置（障がいのある方の無料パスなどの制度）を受けている方を除きます。

③ 文化施設の優待

　大阪市在住の65歳以上の方を対象として、博物館や美術館などの市立の文化施設に無料で入場できる優待制度があります（ただし、大阪市主催の催しに限ります。）。

④ 老人憩の家

　地域の高齢者が健康づくりや仲間づくりなどを通じて、生きがいと自立した生活を送るための自主活動の場の提供を目的として、おおむね小学校区に1か所、地域高齢者活動拠点施設（老人憩の家）を設置しており、各施設の管理運営は、地域住民により組織される運営委員会が行っています。

⑤ 住民の助け合いによる生活支援活動事業（モデル事業）

　団塊の世代が75歳以上となる令和7年に向け、ひとり暮らし高齢者や夫婦のみの高齢者世帯の増加が予測されるなか、高齢者が要介護・要支援認定に至らず元気にいきいきと生活できるよう、社会参加を通じた介護予防活動を推進する必要があります。また、高齢者が何らかの支援を必要とする状態になった場合であっても、有資格の専門職からのサービス提供だけでなく、地域住民の支え合いによる生活支援サービスの提供など、多様な主体による多様なサービスの充実を図り、要支援者等の状態やニーズに合った効果的な支援とサービス選択の幅をひろげる必要があります。

そのため大阪市では、平成27年10月から実施している「介護予防ポイント事業」の枠組みを活用し、地域にお住まいの高齢者が自身の生きがいづくりや介護予防のための活動として、生活支援を必要とする在宅の要支援者等に対して生活支援活動を提供する、「住民の助け合いによる生活支援活動事業」を平成30年7月から市内の一部の地域においてモデル的に実施しています。なお、この事業は、平成29年4月から実施している介護予防・日常生活支援総合事業の訪問型サービスのひとつとして位置付けられています。

⑥　介護予防教室（なにわ元気塾）

月に1回、地域の集会所などで専門家による「転ばないからだづくりの方法」や「栄養・お口の手入れ」、「認知症予防」についてのお話や実習など、日常生活に役立つ情報を得ることができます。さらに、音楽や手工芸などの活動を通じて、地域の方々と交流し、こころとからだの元気を高めます。

⑦　集う場

「集う場（認知症カフェ等）」とは、地域の中で認知症の方やその家族が気軽に立ち寄ることができ、悩み事の相談や情報交換等を通じて孤立予防や介護負担感の軽減をはかることができる場のことです。大阪市では、認知症になっても安心して暮らせるまちづくりを推進するため、「集う場（認知症カフェ等）」の取組みを支援しています。

⑧　老人クラブ

大阪市では、老人クラブの育成を図るため、会員の教養向上、健康増進等地域活動について、助成しています。

QUESTION 4-3

健康な体作りのために

　家族ぐるみで付き合いをしていた友人が昨年、認知症になり、友人の奥さんが色々と苦労しているのを見聞きしました。私の妻には苦労をかけたくなくて、体だけは元気なつもりですが、認知症が少し心配になってきました。高齢者が気をつけておきたい毎日の習慣や運動のヒントはありますか。

ANSWER　ポイント

●高齢単身者は、運動器の機能低下により転倒しやすくなる傾向があります。
●「歩くこと」や「定期的に運動すること」を意識して生活習慣を見直しましょう。
●高齢単身者の生活習慣の改善は、認知症予防にも効果的です。

解 説

転倒や認知症に注意

　高齢単身者は、加齢や気分が進まないといった理由で、あまり体を動かさなくなったり、外出を避けようとする、食欲がないからといって食事を抜くことなどがよくあります。このような日常の些細なことの積み重ねが原因で、身体能力や筋力、バランス感覚が低下し、つまづいたり、転倒しやすくなることがあります。

　また、一人暮らしで人との交流や会話が減り、頭を使わない生活をしていると、認知症になりやすいともいわれています。

①　生活習慣の改善

　日用品の買い物などの外出や、料理、洗濯などの家事は、日常生活の中でできる心身のトレーニングです。男性・女性を問わず、面倒くさがらずに積極的に行うようにしましょう。

② 運動器の機能向上

　筋肉・骨・関節などの運動器の機能が衰えることで、介護が必要になったり、要介護になる危険の高い状態が「ロコモティブシンドローム（運動器症候群）」と呼ばれ、最近注目されています。

　加齢により、身体能力や筋力、バランス感覚が低下し、例えば、歩行時に足を上げているつもりでも、少しの段差でつまずいたり、バランスを崩して転倒しやすくなることがあります。特に、足腰の筋力の機能向上は、転倒予防はもちろんのこと、積極的な外出などにより活動的になれることで、日常生活の充実にもつながります。足腰の筋力を向上させ、維持していくためには、「普段から一定の距離を歩くこと」や、「定期的にトレーニング・運動を行うこと」が大切です。

③ 閉じこもり予防

　閉じこもりとは、寝たきりなどではなく歩行が可能な状態であるにも関わらず、家からほぼ外出せずに過ごしている状態（1週間に1回以上外出しない状態）をいいます。一日中、ほとんど動かない生活をしている人は、閉じこもり予防として、掃除や料理などの家事を自分でやる、買い物や散歩などで毎日外出する時間をつくる、地域の行事に積極的に参加するなど、少しずつ日常生活を変えていきましょう。

QUESTION 4-4

リースバックとリバースモーゲージ

　老後を安心して暮らすためには2,000万円前後の資金が必要だとの
ニュースを見ました。自分でも色々調べてみたところ、年金だけでは
なかなか賄いきれない老後資金をつくる方法として、マイホームを活
用した「リースバック」と「リバースモーゲージ」という手法を知りま
した。この2つの手法はどのようなしくみなのでしょうか。

ANSWER ポイント

- ●リースバックとは、自宅を不動産業者等へ売却し、同時に賃貸借契約を締結し、家賃を支払いながら同じ家に住み続ける手法をいいます。
- ●リバースモーゲージとは、自宅を担保に金融機関から資金を借り入れ、契約者が死亡後に、自宅を売却して借入金を一括返済する手法をいいます。

解説

リースバックとは

　リースバックとは、自宅を不動産業者等へ売却して代金を受け取り、同時
に不動産業者等と賃貸借契約を締結し、自宅売却後は家賃を払いながら同じ
マイホームに住み続ける手法をいいます。ここでは、まずリースバックのメ
リットとデメリットを確認します。

リースバックのメリット

　リースバックのメリットは、まず利用条件の制約が少なく、自宅所有者で
あれば、大半の方が利用できる点があります。一戸建住宅はもちろんのこと、
マンションであっても申込が可能です。また、契約内容にもよりますが、リー
スバック開始後に買い戻すことができる場合もあり、相続人に不動産を残せ
る可能性がある点もメリットといえます。

リースバックのデメリット

リースバックのデメリットとしては、ランニングコスト（固定資産税やマンションの場合の管理費・修繕積立金など）の支払いがなくなる一方で、リースバック開始後はランニングコストを上回る毎月の家賃の支払いが必要となる点があります。なお、家賃は、自宅の売却代金に応じて決まりますので、高額で売れる物件の家賃は高めに設定されます。

また、住宅ローンの残額があっても、リースバックを利用することができますが、ローン残額が多い場合は、その分だけ売却で受け取る金額は少なくなります。また、当然ながら、所有者の名義が買主の不動産業者等に変わります。これらの点も人によってはデメリットと感じられるかもしれません。

リバースモーゲージとは

リバースモーゲージとは、自宅に住み続けながら、その自宅を担保に金融機関から生活資金などの融資（資金の借入れ）を受け、契約者が死亡、若しくは契約期間が満了した場合には、自宅を売却して借入金を一括返済する手法をいいます。リバースモーゲージについても、メリットとデメリットを確認しておきます。

リバースモーゲージのメリット

リバースモーゲージの大きなメリットとしては、毎月の支払い（家賃や住宅ローンの返済）が不要である点があります。契約の内容によっては、毎月の利息の支払いが必要となる場合もありますが、月々の安定収入が少ない方にとっては、老後のランニングコストが抑えられるという点は心強いメリットといえます。

リバースモーゲージのデメリット

リバースモーゲージのデメリットとしては、金融機関からの借入れとなるため、リースバックと比較して利用条件が厳しい点があります。例えば、原則として、月々の収入があること、相続人の同意が必要なことなどが挙げられます。

また、金融機関によっては、年齢制限（おおむね55歳以上）がある場合や、借入金の用途や担保物件（マンションは不可等）が制限されていたり、保証人が必要となるケースもあります。

なお、リバースモーゲージの注意点として、長寿により借入額が融資限度額を上回ってしまうことがあります。その場合、追加で融資を受けられなくなったり、生存中であっても自宅を売却せざるを得ないケースがあります。また、景気や地価などの動向によって担保物件の価値が下落してしまうと、契約時の期間満了前に借入金の一括返済が必要となり、生前に自宅を売却しなければならないリスクがあります。

リースバックとリバースモーゲージの比較

リースバックは、当初の自宅売却時に一括で売却代金が得られるため、この資金を、例えば有料老人ホーム等の介護施設や高齢者向け住宅への入居金等に充てることも可能です。また、住宅ローンが残っている場合には、リースバックによる資金で残債をゼロにすることも可能です。

リバースモーゲージは、自宅に住み続けられるという点はリースバックと同様ですが、契約者が死亡もしくは契約満了までは契約者本人名義の自宅建物ですので、リバースモーゲージの借入金を使って、住みやすくバリアフリーリフォームなどを行うことも可能です。

■ リースバックとリバースモーゲージの比較

	リースバック	リバースモーゲージ
自宅の所有形態	売却し、自宅を賃借する	そのまま所有
利用者の範囲	自宅所有者であれば大半利用可能	主として戸建て住宅の所有者に限られる
自宅の買戻し	可能	—
利用者の年齢制限	なし	おおむね55歳以上
保証人	不要	必要とされる場合が多い
家賃の負担	あり	なし
相続人の同意	不要	必要

第2節 高齢期の暮らしの動向

1 就業・所得

（1）経済的な暮らし向きに心配ないと感じる 60歳以上の者は74.1％

内閣府が60歳以上の者を対象に行った調査では、経済的な暮らし向きについて「心配ない」（「家計にゆとりがあり、まったく心配なく暮らしている」と「家計にあまりゆとりはないが、それほど心配なく暮らしている」の計）と感じている人の割合は全体で74.1％となっている。また、年齢階級別に見ると、60～64歳と80歳以上において「心配ない」と回答した割合が高く、特に80歳以上では77.2％となっている（図1－2－1－1）。

（2）高齢者世帯の所得は、その他の世帯平均と 比べて低い

高齢者世帯（65歳以上の者のみで構成するか、又はこれに18歳未満の未婚の者が加わった世帯）の平均所得金額（平成29（2017）年

の1年間の所得）は334.9万円で、全世帯から高齢者世帯と母子世帯を除いたその他の世帯（661.0万円）の約5割となっている。

なお、平均所得金額で見るとその他の世帯と高齢者世帯の差は大きいが、世帯人員数が少ない方が生活コストが割高になるといった影響を調整し、世帯人員の平方根で割った平均等価可処分所得[3]金額で見ると、高齢者世帯は235.2万円となっており、その他の世帯（311.2万円）の約8割となっている（表1－2－1－2）。

（注3）平均等価可処分所得とは、世帯人員数の違いを調整するため、世帯の可処分所得を世帯人員の平方根で割った所得。生活水準を考えた場合、世帯人員数が少ない方が、生活コストが割高になることを考慮したもの。
なお、世帯の可処分所得とは、世帯収入から税金・社会保険料等を除いたいわゆる手取り収入である。

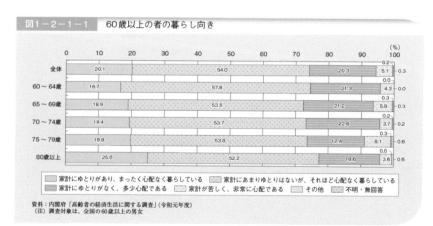

図1－2－1－1　60歳以上の者の暮らし向き

資料：内閣府「高齢者の経済生活に関する調査」（令和元年度）
（注）調査対象は、全国の60歳以上の男女

（出典：令和2年版　高齢社会白書（内閣府））

また、高齢者世帯の所得階層別分布を見てみると、150〜200万円未満が最も多くなっている（図1−2−1−3）。

さらに、公的年金・恩給を受給している高齢者世帯について、公的年金・恩給の総所得に占める割合別世帯数の構成割合を見ると、公的年金・恩給が家計収入の全てとなっている世帯が半数以上となっている（図1−2−1−4）。

（3）年齢階級別の所得再分配後の所得格差

世帯員の年齢階級別の等価再分配所得のジニ係数[4]（不平等度を測る指標）を見ると、平成29（2017）年における60〜64歳、65〜69歳、70〜74歳及び75歳以上の層のジニ係数は、平成17（2005）年と比べてやや低下した。ジニ係数の値は、60〜64歳で0.33、65〜69歳で0.32、70〜74歳で0.30、75歳以上では0.35である（図1−2−1−5）。

（注4）ジニ係数とは、分布の集中度あるいは不平等度を示す係数で、0に近づくほど平等で、1に近づくほど不平等となる。

表1−2−1−2　高齢者世帯の所得

区分	平均所得金額 （平均世帯人員）	平均等価可処分 所得金額
高齢者世帯	334.9万円 （1.57）	235.2万円
その他の世帯	661.0万円 （2.92）	311.2万円
全世帯	551.6万円 （2.48）	290.9万円

資料：厚生労働省「国民生活基礎調査」（平成30年）（同調査における平成29（2017）年1年間の所得）
（注1）高齢者世帯とは、65歳以上の者のみで構成するか、又はこれに18歳未満の未婚の者が加わった世帯をいう。
（注2）等価可処分所得とは、世帯の可処分所得を世帯人員の平方根で割って調整したものをいう。
（注3）その他の世帯とは、全世帯から高齢者世帯と母子世帯を除いた世帯をいう。

図1−2−1−3　高齢者世帯の所得階層別分布

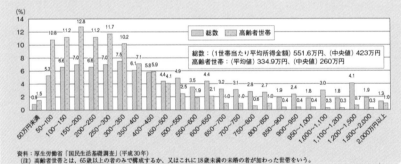

資料：厚生労働省「国民生活基礎調査」（平成30年）
（注）高齢者世帯とは、65歳以上の者のみで構成するか、又はこれに18歳未満の未婚の者が加わった世帯をいう。

（出典：令和2年版　高齢社会白書（内閣府））

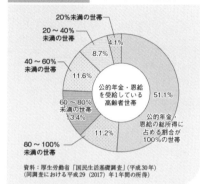

図1-2-1-4　公的年金・恩給を受給している高齢者世帯における公的年金・恩給の総所得に占める割合別世帯数の構成割合

公的年金・恩給を受給している高齢者世帯

- 20%未満の世帯　4.1%
- 20〜40%未満の世帯　8.7%
- 40〜60%未満の世帯　11.6%
- 60〜80%未満の世帯　13.4%
- 80〜100%未満の世帯　11.2%
- 公的年金・恩給の総所得に占める割合が100%の世帯　51.1%

資料：厚生労働省「国民生活基礎調査」（平成30年）
（同調査における平成29（2017）年1年間の所得）

（4）世帯主が60歳以上の世帯の貯蓄現在高の中央値は全世帯の1.5倍

　資産を二人以上の世帯について見ると、世帯主の年齢階級別の家計の貯蓄・負債の全般的状況は、世帯主の年齢階級が高くなるにつれて、1世帯当たりの純貯蓄はおおむね増加し、世帯主が60〜69歳の世帯及び70歳以上の世帯では、他の年齢階級に比べて大きな純貯蓄を有していることが分かる。年齢階級が高くなるほど、貯蓄額と持家率がおおむね増加する一方、世帯主が30〜39歳の世帯をピークに負債額は減少していく（図1-2-1-6）。

　また、貯蓄現在高について、世帯主の年齢が60歳以上の世帯と全世帯（いずれも二人以上の世帯）の中央値を比較すると、前者は1,515万円と、後者の1,036万円の約1.5倍となっている。貯蓄現在高階級別の世帯分布を見ると、世帯主の年齢が60歳以上の世帯（二人以上の世帯）では、4,000万円以上の貯蓄を有する世帯が16.6%であり、全世帯（11.1%）と比べて高い水準となっている（図1-2-1-7）。

　さらに、金融資産の分布状況を世帯主の世代

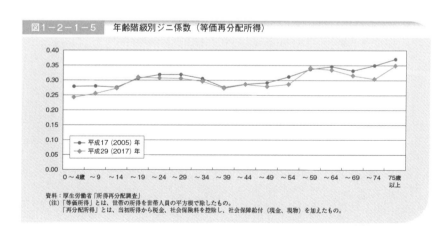

図1-2-1-5　年齢階級別ジニ係数（等価再分配所得）

凡例：
- 平成17（2005）年
- 平成29（2017）年

資料：厚生労働省「所得再分配調査」
（注）「等価所得」とは、世帯の所得を世帯人員の平方根で除したもの。
　　　「再分配所得」とは、当初所得から税金、社会保険料を控除し、社会保障給付（現金、現物）を加えたもの。

（出典：令和2年版　高齢社会白書（内閣府））

別に見ると、平成元（1989）年では60歳以上が31.9％であったが、平成26（2014）年では64.5％と30ポイント以上上昇している（図1-2-1-8）。

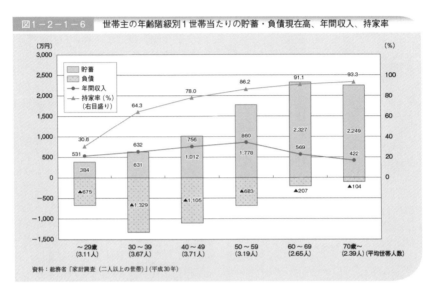

図1-2-1-6　世帯主の年齢階級別1世帯当たりの貯蓄・負債現在高、年間収入、持家率

資料：総務省「家計調査（二人以上の世帯）」（平成30年）

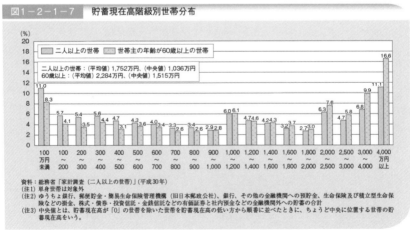

図1-2-1-7　貯蓄現在高階級別世帯分布

資料：総務省「家計調査（二人以上の世帯）」（平成30年）
（注1）単身世帯は対象外
（注2）ゆうちょ銀行、郵便貯金・簡易生命保険管理機構（旧日本郵政公社）、銀行、その他の金融機関への預貯金、生命保険及び積立型生命保険などの掛金、株式・債券・投資信託・金銭信託などの有価証券と社内預金などの金融機関外への貯蓄の合計
（注3）中央値とは、貯蓄現在高が「0」の世帯を除いた世帯を貯蓄現在高の低い方から順番に並べたときに、ちょうど中央に位置する世帯の貯蓄現在高をいう。

（出典：令和2年版　高齢社会白書（内閣府））

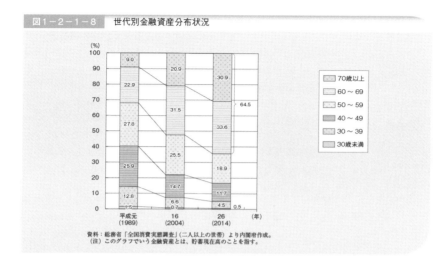

図1－2－1－8　世代別金融資産分布状況

資料：総務省「全国消費実態調査」（二人以上の世帯）より内閣府作成。
（注）このグラフでいう金融資産とは、貯蓄現在高のことを指す。

（5）65歳以上の生活保護受給者（被保護人員）は増加傾向

　生活保護受給者の推移を見ると、平成29（2017）年における被保護人員数の総数は前年から横ばいとなる中で、65歳以上の生活保護受給者は103万人で、前年（100万人）より増加している。また、65歳以上人口に占める生活保護受給者の割合は2.93％となり、前年（2.89％）より高くなった（図1－2－1－9）。

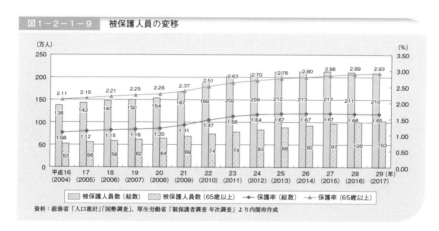

図1－2－1－9　被保護人員の変移

資料：総務省「人口推計」「国勢調査」、厚生労働省「被保護者調査 年次調査」より内閣府作成

（出典：令和2年版　高齢社会白書（内閣府））

(6) 労働力人口に占める65歳以上の者の比率は上昇

令和元（2019）年の労働力人口は、6,886万人であった。労働力人口のうち65～69歳の者は438万人、70歳以上の者は469万人であり、労働力人口総数に占める65歳以上の者の割合は13.2%と上昇し続けている（図1-2-1-10）。

また、令和元（2019）年の労働力人口比率（人口に占める労働力人口の割合）を見ると、65～69歳では49.5%、70～74歳では32.5%と

なっており、いずれも平成17（2005）年以降、上昇傾向である。75歳以上は10.3%となり、平成27（2015）年以降上昇傾向となっている（図1-2-1-11）。

雇用情勢を見ると、平成20（2008）年から平成22（2010）年は経済情勢の急速な悪化を受けて60～64歳の完全失業率は上昇していたが、平成22（2010）年をピークに低下し、令和元（2019）年の60～64歳の完全失業率は2.4%と、15歳以上の全年齢計（2.4%）と同水準となっている（図1-2-1-12）。

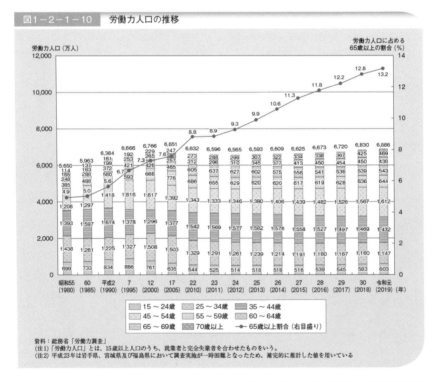

図1-2-1-10　労働力人口の推移

資料：総務省「労働力調査」
（注1）「労働力人口」とは、15歳以上人口のうち、就業者と完全失業者を合わせたものをいう。
（注2）平成23年は岩手県、宮城県及び福島県において調査実施が一時困難となったため、補完的に推計した値を用いている

（出典：令和2年版　高齢社会白書(内閣府)）

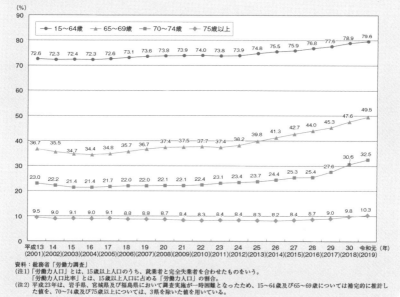

図1-2-1-11 労働力人口比率の推移

資料：総務省「労働力調査」
(注1)「労働力人口」とは、15歳以上人口のうち、就業者と完全失業者を合わせたものをいう。
「労働力人口比率」とは、15歳以上人口に占める「労働力人口」の割合。
(注2) 平成23年は、岩手県、宮城県及び福島県において調査実施が一時困難となったため、15～64歳及び65～69歳については補完的に推計した値を、70～74歳及び75歳以上については、3県を除いた値を用いている。

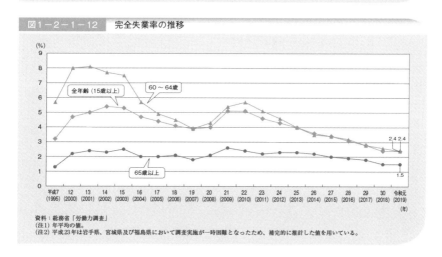

図1-2-1-12 完全失業率の推移

資料：総務省「労働力調査」
(注1) 年平均の値。
(注2) 平成23年は岩手県、宮城県及び福島県において調査実施が一時困難となったため、補完的に推計した値を用いている。

（出典：令和2年版　高齢社会白書（内閣府））

(7) 就業状況

ア 年齢階級別の就業率の推移

年齢階級別に就業率の推移を見てみると、60～64歳、65～69歳、70～74歳では、10年前の平成21（2009）年の就業率と比較して、令和元（2019）年の就業率はそれぞれ13.3ポイント、12.2ポイント、10.4ポイント伸びている（図1－2－1－13）。

イ 男性は60代後半でも全体の半数以上が働いている

男女別、年齢階級別に就業状況を見ると、男性の場合、就業者の割合は、55～59歳で91.1％、60～64歳で82.3％、65～69歳で58.9％となっており、60歳を過ぎても、多くの人が就業している。また、女性の就業者の割合は、55～59歳で73.2％、60～64歳で58.6％、65～69

歳で38.6％となっている。さらに、70～74歳の男性の就業者の割合は41.1％、女性の就業者の割合は24.2％となっている（図1－2－1－14）。

ウ 60歳を境に非正規の職員・従業員比率は上昇

役員を除く雇用者のうち非正規の職員・従業員の比率を男女別に見ると、男性の場合、非正規の職員・従業員の比率は55～59歳で11.2％であるが、60～64歳で49.6％、65～69歳で71.3％と、60歳を境に大幅に上昇している。一方、女性の場合、同比率は55～59歳で61.2％、60～64歳で76.9％、65～69歳で84.4％となっており、男性と比較して上昇幅は小さいものの、やはり60歳を境に非正規の職員・従業員比率は上昇している（図1－2－1－15）。

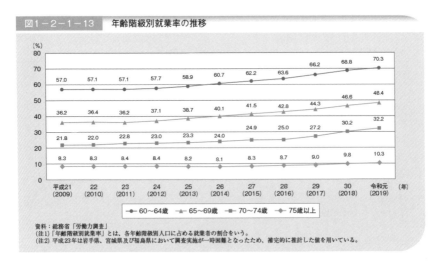

図1－2－1－13　年齢階級別就業率の推移

資料：総務省「労働力調査」
(注1)「年齢階級別就業率」とは、各年齢階級別人口に占める就業者の割合をいう。
(注2) 平成23年は岩手県、宮城県及び福島県において調査実施が一時困難となったため、補完的に推計した値を用いている。

（出典：令和2年版　高齢社会白書（内閣府））

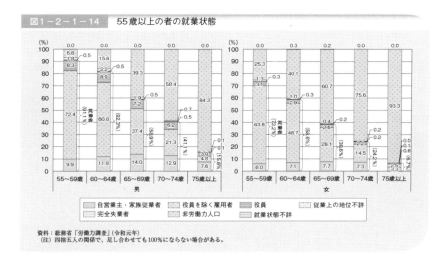

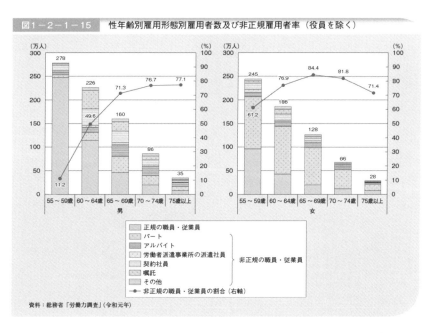

（出典：令和 2 年版　高齢社会白書（内閣府））

エ 「働けるうちはいつまでも」働きたい60歳以上の者が約4割

現在仕事をしている60歳以上の者の約4割が「働けるうちはいつまでも」働きたいと回答している。70歳くらいまでもしくはそれ以上との回答と合計すれば、約9割が高齢期にも高い就業意欲を持っている様子がうかがえる（図1－2－1－16）。

オ 希望者全員が65歳以上まで働ける企業は7割以上

従業員31人以上の企業約16万社のうち、高年齢者雇用確保措置[5]を実施済みの企業の割合は99.8％（161,117社）となっている。また、希望者全員が65歳以上まで働ける企業の割合は78.8％（127,213社）となっている（図1－2－1－17）。

(注5)「高年齢者等の雇用の安定等に関する法律」では65歳までの安定した雇用を確保するため、企業に「定年制の廃止」、「定年の引き上げ」、「継続雇用制度の導入」のいずれかの措置を講じるよう義務付けている。

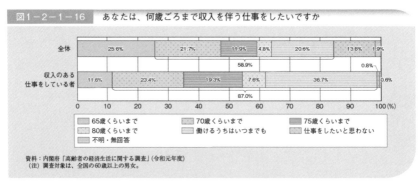

図1－2－1－16 あなたは、何歳ごろまで収入を伴う仕事をしたいですか

資料：内閣府「高齢者の経済生活に関する調査」（令和元年度）
(注) 調査対象は、全国の60歳以上の男女。

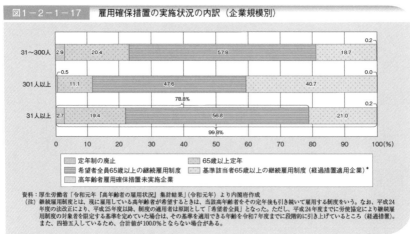

図1－2－1－17 雇用確保措置の実施状況の内訳（企業規模別）

資料：厚生労働省「令和元年「高年齢者の雇用状況」集計結果」（令和元年）より内閣府作成
(注) 継続雇用制度とは、現に雇用している高年齢者が希望するときは、当該高年齢者をその定年後も引き続いて雇用する制度をいう。なお、平成24年度の法改正により、平成25年度以降、制度の適用は原則として「希望者全員」となった。ただし、平成24年度までに労使協定により継続雇用制度の対象者を限定する基準を定めていた場合は、その基準を適用できる年齢を令和7年度までに段階的に引き上げているところ（経過措置）。また、四捨五入しているため、合計値が100.0％とならない場合がある。

（出典：令和2年版　高齢社会白書（内閣府））

カ 65歳以上の起業者の割合は上昇

　継続就業期間5年未満の起業者の年齢別構成の推移を見ると、65歳以上の起業者の割合は平成19（2007）年に8.4％であったが、平成29（2017）年は11.6％に上昇した。また、男女別に65歳以上の起業者の割合を見ると、男性は

平成19（2007）年8.9％、平成24（2012）年11.8％、平成29（2017）年13.2％と上昇しているが、女性は平成19（2007）年6.8％、平成24（2012）年8.6％、平成29（2017）年7.2％となっている（図1－2－1－18）。

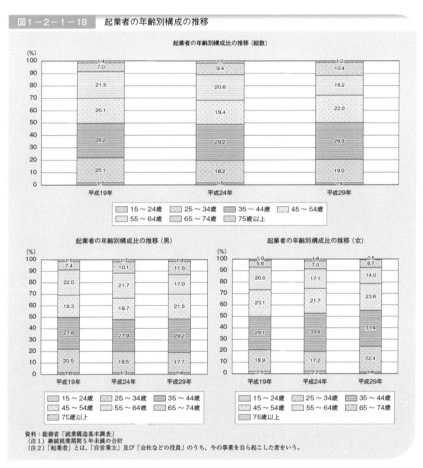

図1－2－1－18　起業者の年齢別構成の推移

資料：総務省「就業構造基本調査」
（注1）継続就業期間5年未満の合計
（注2）「起業者」とは、「自営業主」及び「会社などの役員」のうち、今の事業を自ら起こした者をいう。

（出典：令和2年版　高齢社会白書（内閣府））

■ 編著者紹介

101会 （いちまるいちかい）

　税務事例の分析や税理士業務の研鑽を目的として活動する、山本和義氏の主宰による関西の税理士有志のグループです。

税理士・行政書士・CFP
山本　和義 （やまもと　かずよし）

昭和27年	大阪に生まれる
昭和50年	関西大学卒業後会計事務所勤務を経て
昭和57年	山本和義税理士事務所開業
昭和60年	株式会社FP総合研究所設立・代表取締役に就任
平成16年	税理士法人FP総合研究所設立・代表社員に就任
平成29年	税理士法人ファミリィ設立・代表社員に就任
著　書	『不動産オーナー・税理士のための〔不動産×会社活用〕相続対策の方程式』（共著・清文社） 『配偶者居住権と相続対策の実務—配偶者保護の視点から—』（新日本法規出版） 『「遺言があること」の確認—遺言実務に関する民法改正の概要と相続対策』（共著・TKC出版） 『相続対策に役立つ‼　生命保険の基礎知識と活用法』（共著・大蔵財務協会） 『失敗のない　特例事業承継税制の活用実務ガイド』（実務出版） 『税理士のための遺言書活用と遺産分割テクニック』（共著・清文社） 『タイムリミットで考える相続税対策実践ハンドブック』（清文社） 『立場で異なる自社株評価と相続対策』（清文社） 『相続財産がないことの確認』（共著・TKC出版） 『相続税の申告と書面添付』（共著・TKC出版） 『税理士の相続業務強化マニュアル』（中央経済社）ほか
備　考	資産運用・土地の有効利用並びに相続対策、節税対策等を中心に、各種の講演会・研修会を企画運営、並びに講師として活動。また、資産税に関する研修会、個人所得・経営に関する研修会を毎月、定期的に開催しています。

税理士
樫木　秀俊 （かしき　ひでとし）
のぞみ国際合同会計事務所
〒530-0001　大阪市北区梅田1-11-4-1800
大阪駅前第4ビル18階

税理士
永井　博之 （ながい　ひろゆき）
永井博之税理士事務所
〒530-0047　大阪市北区西天満3-5-10
オフィスポート大阪903号

税理士
加藤　芳樹 （かとう　よしき）
ウィン合同会計事務所
〒540-0012　大阪市中央区谷町1-3-5
アンフィニ・天満橋5階

税理士
中原　雄一 （なかはら　ゆういち）
税理士法人Delta management
〒541-0051　大阪市中央区備後町3-3-15
ニュー備後町ビル5階

税理士・行政書士
桐元　久佳 （きりもと　ひさよし）
日新税理士事務所
〒540-0008　大阪市中央区大手前1-7-31
OMMビル13階

税理士
藤井　敦 （ふじい　あつし）
のぞみ国際合同会計事務所
〒530-0001　大阪市北区梅田1-11-4-1800
大阪駅前第4ビル18階

税理士
髙津　拓也 （こうつ　たくや）
MSC税理士法人
〒541-0041　大阪市中央区北浜2-2-22
北浜中央ビル5階

税理士
宮崎　知行 （みやざき　ともゆき）
宮崎知行税理士事務所
〒541-0041　大阪市中央区北浜1-9-9
北浜長尾ビル3階

Q&A おひとりさま〔高齢単身者〕の相続・老後資金対策

2021年3月18日　初刷発行
2021年4月30日　第2刷発行

編著者　　101会 ©

発行者　　小泉 定裕

発行所　　株式会社 清文社

東京都千代田区内神田1-6-6（MIFビル）
〒101-0047　電話03(6273)7946　FAX03(3518)0299
大阪市北区天神橋2丁目北2-6（大和南森町ビル）
〒530-0041　電話06(6135)4050　FAX06(6135)4059
URL https://www.skattsei.co.jp/

印刷：大村印刷

■著作権法により無断複写複製は禁止されています。落丁本・乱丁本はお取り替えします。
■本書の内容に関するお問い合わせは編集部までFAX（06-6135-4056）でお願いします。
■本書の追録情報等は、当社ホームページ（https://www.skattsei.co.jp）をご覧ください。

ISBN978-4-433-72481-8

税理士のための
遺言書活用と
遺産分割テクニック

101会　編著
税理士　山本和義
加藤芳樹/桐元久佳/髙津拓也/永井博之/中原雄一/藤井　敦/宮崎知行
編集協力　弁護士　荒井俊且

相続税対策のコンサルティングや相続相談のキーマンとなる税理士に向けて、遺言書や遺産分割の実務知識から、事例検証による活用手法と節税効果、具体的な相談案件ごとの対処事例まで、争族防止と節税のバランスを考慮した遺言書・遺産分割の実務対策をわかりやすく解説。　■B5判176頁/定価：本体 2,200円+税

不動産オーナー・税理士のための
「不動産×会社活用」
相続対策の方程式

税理士　山本和義　監修
弁護士　東　信吾/税理士　安東信裕/税理士　石川勝彦/税理士　奥西陽子
税理士　新谷達也/税理士　塚本和美/税理士　野田暢之
社会保険労務士　板東嘉子/税理士　渡辺秀俊　著

不動産オーナーのための「不動産の法人化」について、メリット・デメリット、不動産所有方式による活用法の留意点、小規模宅地等の特例や消費税の概要、不動産所有方式による会社の株式評価の留意点、税務調査対応や社会保険への加入要件、法人を活用した相続対策などについて具体的にわかりやすく解説。
　■A5判324頁/定価：本体 2,800円+税

令和2年9月改訂　タイムリミットで考える
相続税対策
実践ハンドブック

税理士　山本和義　著

生前対策から申告期限後3年までを4つのタイムゾーンに区分し、各時点で採るべき対策について具体事例やシミュレーションを交えて解説。
　■A5判660頁/定価：本体 3,600円+税